［現場の疑問に答える］

退職給付会計の基本Q&A

公認会計士
大保 裕司

税務経理協会

はしがき

　退職給付会計は難しい，わかった気になってもすぐに忘れてしまう，という話をよく聞きます。退職給付会計が難しく感じる原因はいくつかあると思います。

　まず，統計や確率，時間価値の考え方を使用した複雑な数理計算は退職給付会計だけに用いられているため，馴染みがなく，理解し難いものになっていると考えられます。実務上はアクチュアリーと呼ばれる専門家に数理計算を依頼してその計算結果を使用して会計処理を行っています。

　次に，複雑な数理計算を行う一方で，予測や見積計算を行って実際の数理計算結果との比較や，オフバランス項目の存在，遅延認識など，会計処理の考え方も他の会計分野にない独特なものであることもその理由でありましょう。

　そして，退職給付会計が難しいと感じる一番の原因は，経理実務にあまり馴染みのない年金制度・一時金制度を対象にしていることだと思われます。

　法律で認められている退職年金制度はいくつかに分類され，受給要件や給付事由など制度の設計は企業の裁量によってある程度独自に決定できるようになっています。まずはこの制度や仕組みを理解することから始めることが退職給付会計を理解する近道であると思います。

　本書は，企業の経理担当者や人事部門の退職給付担当の方，退職給付会計に興味を持った方，年金制度を理解したい方，退職給付会計がよく理解できない方に広く読んでいただきたいと思います。これまで講師をしてきたセミナーの参加者からの質問や意見，自分自身でかつて悩んできたことや同僚との議論などをもとにQ＆A形式にして解説していますので，読者の疑問や悩みに符合するものもあると思っています。

　理解しやすいよう図や表をできるだけ多く取り入れて解説し，わが国企業が採用している退職給付制度や企業年金の仕組みの説明にもページを割きました。

実際の企業年金の考え方や仕組み，退職給付会計との関連や異同も解説しています。

　これまでも多くの退職給付会計に関する解説書がありますが，本書は，退職給付会計に関する難しい論点ではなく，理論と実務をつなぐための基礎・基本に重点を置いています。

　ほんの僅かでも読者の皆さまの理解と業務の一助になれば幸いです。

　本書は執筆時点（平成24年２月）で適用されている基準等に基づいていますが，これから適用となる予定で改訂される新しい退職給付会計基準の内容についても適宜解説しています。

　なお，新しい退職給付会計基準については，ＩＦＲＳ（国際財務報告基準）とのコンバージェンス作業の検討がＩＦＲＳの動向や日本の経済界の意見などの影響もあり，対応が事実上進んでいない状況です。平成22年に公開草案が公表されましたが，平成24年２月時点でも未だに適用に至っていません。公開草案では，数理計算上の差異と過去勤務債務（費用）については発生時に即時に貸借対照表で認識するなどの内容の改訂が含まれていましたが，現時点では連結財務諸表では即時認識する一方で個別財務諸表ではこれまでどおりとなる方向で議論がすすんでいます。直近の状況では，具体的な適用時期については平成25年以降となる予定です。

　ＩＦＲＳは，国際的に会計処理を統一し企業間の財務情報の比較可能性を担保するための基礎となるものです。今や純粋な国内企業も海外を無視した企業経営はできません。海外に子会社を作れば必ずＩＦＲＳの適用になります。わが国会計基準も時期は未確定ですがＩＦＲＳ化することは避けられないといえるでしょう。

　本書を読んで困った時には，監査法人などの公認会計士などの専門家に聞いてください。さらに理解を深めて様々な論点を解決したい方は，退職給付会計について一からご指導いただいた私の恩師である井上雅彦氏の著書を是非読ん

はしがき

　でいただきたいと思います。
　なお，本書のうち意見にわたる部分は，すべて筆者の個人的見解であり，所属する法人とは一切関係がないことをお断りしておきます。

　本書の発行にあたっては，株式会社税務経理協会の小林規明氏に大変お世話になりました。企画から内容にわたるアドバイスをいただきお礼申し上げます。
　また，これまでご指導いただいた数多くの諸先輩方と同僚に対して心からお礼申し上げます。

　平成24年2月

公認会計士　大保裕司

目次
INDEX

はしがき

第1章　退職給付制度と退職給付会計

- **Q01** 退職給付会計にはどのような特徴がありますか ……………… 1
- **Q02** 退職給付会計を適用すると引当金の額が増えると聞きましたが，引当金を計上しない退職金制度はありますか ……………… 4
- **Q03** 来期にリストラを予定しています。リストラでは早期割増退職金を支払う準備がありますが，退職給付引当金として計上することになりますか ……………… 7
- **Q04** 退職給付制度にはどのようなものがありますか ……………… 10
- **Q05** 厚生年金基金が国に代わって支給する年金部分も退職給付会計の対象となるのですか ……………… 15
- **Q06** 代行部分を国へ返還したら会社の債務は減るのですか ……… 18
- **Q07** 適格退職年金（適年）は続けられないと聞きましたがどうすればいいですか ……………… 21
- **Q08** 確定給付企業年金制度にはどのような特徴がありますか ……… 25
- **Q09** 確定拠出年金制度とはどのようなものですか ……………… 30
- **Q10** 確定拠出年金にはどのような特徴がありますか ……………… 33
- **Q11** 確定拠出年金制度へ移行する際にはどのような条件がありますか ……………… 36
- **Q12** 中小企業退職金共済制度（中退共）について教えてください …… 39

第2章　退職給付会計の構造と仕組み

- **Q13** 退職給付会計を適用すると貸借対照表にはいくら計上されることになりますか ………… 43
- **Q14** 退職給付債務とはどのようなものですか。簡単に計算できるものですか ………… 46
- **Q15** 退職給付会計は損益にはどのように影響しますか ………… 48
- **Q16** 年間の作業はどのようになりますか ………… 52
- **Q17** 退職給付債務と年金資産の動きはどうなりますか ………… 56
- **Q18** 勤務費用はどのように計算しますか ………… 60
- **Q19** 利息費用はどのように計算しますか ………… 63
- **Q20** 期待運用収益とは何ですか ………… 66
- **Q21** 退職給付会計においても発生主義がとられているのですか ………… 69
- **Q22** 退職給付会計では，どのような仕訳が生じますか ………… 71
- **Q23** 退職金規程を改訂されるなど，将来の退職給付額が変動することになるとどのような影響がありますか ………… 75
- **Q24** 過去勤務債務はどの時点で認識しますか ………… 77
- **Q25** 「改訂日」とは，何を指しますか ………… 79
- **Q26** 過去勤務債務の費用処理について，その他の留意点を教えてください ………… 80
- **Q27** 数理計算上の差異はなぜ発生するのですか ………… 82
- **Q28** 「遅延認識」とは何ですか ………… 85
- **Q29** 退職給付債務と引当金の1年間の動きは，どのように会計処理されますか ………… 89

第3章　退職給付債務と基礎率

- **Q30** 退職給付の計算には基礎率が重要であると聞きますが，基礎率とは何ですか ………… 97
- **Q31** 退職給付債務はどのように計算しますか ………… 100

目　次

- **Q32** 企業年金制度を採用している場合には，退職一時金制度と比べて退職給付債務計算にどのような影響がありますか ………… 105
- **Q33** 割引率は毎年変更しなければいけませんか ………………………… 110
- **Q34** 退職率はどのように計算しますか ………………………………… 113
- **Q35** 一時金選択率も基礎率ですか ……………………………………… 118
- **Q36** 将来の退職金を見積もるにはどのように行えばいいでしょうか …………………………………………………………………… 121
- **Q37** 期待運用収益率はどのように設定すればよいのでしょうか。どのくらいのレベルが合理的なのでしょうか ………………… 124
- **Q38** 退職給付債務の計算には，期待値の考え方が用いられていると聞きます。期待値とは具体的にどのような考え方ですか … 127
- **Q39** 退職給付債務は，すでに発生していると認められる額を適切な期間配分方法を適用して算定するとありますが，期間配分方法にはどのようなものがありますか。適切な方法とはどのような考え方ですか ……………………………………… 129
- **Q40** 数理計算をアクチュアリーに依頼する場合，期末日のデータを集めていると開示に間に合いません。もっと早い時期のデータを使用して退職給付債務や勤務費用を計算することは可能ですか ………………………………………………… 133
- **Q41** 決算日より前のデータを使用して退職給付債務の数理計算を行いたいのですが，割引率は期末日（貸借対照表日）の市場利回りを基礎としなければなりません。どのように割引率を想定すればいいでしょうか ………………………………… 137

第4章　キャッシュバランスプラン

- **Q42** キャッシュバランスプランとはどのようなものですか ………… 141
- **Q43** キャッシュバランスプランでは給付額の計算はどうなりますか …………………………………………………………………… 143

第5章　年金財政計算と退職給付会計との関係

- **Q44** 年金財政計算とはどのようなものですか ………………………………… 147
- **Q45** 企業年金制度の掛金にはどのようなものがありますか …………… 149
- **Q46** 標準掛金の計算例について教えてください ………………………… 154
- **Q47** 確定給付企業年金制度や厚生年金基金制度の加算部分では，加入年齢方式という財政方式が一般的ということですが，「財政方式」について教えてください ……………………………… 157
- **Q48** 年金財政計算における「予定利率」について教えてください … 161
- **Q49** 企業年金制度における「過去勤務債務等」とはどういうものですか。退職給付会計の「過去勤務債務」との違いはありますか ……………………………………………………………………… 164
- **Q50** 年金財政計算と退職給付会計との違いは何ですか ……………… 167

第6章　過去勤務債務と数理計算上の差異

- **Q51** 過去勤務債務や数理計算上の差異の費用処理方法や費用処理年数は変更することができますか ………………………………… 173
- **Q52** 平均残存勤務期間が変動した場合には費用処理年数はどうなりますか ………………………………………………………………… 175
- **Q53** 「費用処理年数＝平均残存勤務期間」とする会計方針を採用している場合に，平均残存勤務期間が短く（長く）なった場合の会計処理について教えてください …………………………… 178
- **Q54** 過去勤務債務と数理計算上の差異の費用処理については，当期から行うか翌期から行うかということも方針として決めなければいけませんか ………………………………………………… 180
- **Q55** 数理計算上の差異の費用処理にあたっては，定額法と定率法のどちらを選択すべきでしょうか ………………………………… 182

第7章　年金資産

- **Q56** どのようなものが年金資産として認められますか　185
- **Q57** 年金資産の範囲について具体的に注意すべき点があれば教えてください　187
- **Q58** 年金資産の期末の評価はどのように行いますか　189
- **Q59** 厚生年金基金制度や確定給付年金制度でも財政決算で時価評価をしていると聞きますが，これを会計に利用できませんか　190
- **Q60** 年金資産が退職給付債務を超過した場合はどうすればいいですか。複数の退職金制度がある場合には合算してもいいのですか　192
- **Q61** 退職給付信託についても年金資産として認められるそうですが，どのような資産が退職給付信託として設定できますか　194
- **Q62** 株式を退職給付信託として設定しようと考えています。退職給付信託に株式を設定した場合の注意点を教えてください　198

第8章　簡便法

- **Q63** 子会社の従業員数は100人程度なのですが，この場合でも数理計算が必要になりますか　201
- **Q64** 簡便法では，退職給付債務や退職給付費用，引当金をどのように計算することになりますか　203
- **Q65** 簡便法の退職給付費用の計算と仕訳はどのようになりますか　206
- **Q66** 退職金規程を改訂して給付水準を変更したのですが，その場合に生じた退職給付債務の差額は簡便法ではどのように処理すればよいのでしょうか　210
- **Q67** これまで簡便法を採用してきましたが，原則法に変更することはできますか　212
- **Q68** 簡便法では数理債務（責任準備金）を退職給付債務として使えると聞きましたが，送付された計算書の決算日が会社の決算日と違います。これを使うことができるのでしょうか　214

第9章　退職給付制度の移行等

Q69 退職給付制度の移行を考えています。退職給付会計での取扱いを教えてください -- 217

Q70 退職給付制度を移行する場合，会計においてどのような対応が必要となりますか -- 222

Q71 期末日前後のタイミングで退職給付制度を移行する場合には，いつの時点で会計処理が必要になりますか ------------------------ 225

第10章　税金と税効果

Q72 退職給付会計と税務上の取扱いの違いについて教えてください -- 227

Q73 退職給付信託の税務に関する取扱いを教えてください ------------- 230

Q74 退職給付会計に関する税効果会計はどうなりますか --------------- 232

Q75 現在，退職給付会計に係る基準の改訂が準備されていると聞いています。今後，わが国の退職給付会計はどのように変わりますか -- 236

あとがき -- 239

参考文献 -- 243

索　　引 -- 245

第1章 退職給付制度と退職給付会計

退職給付会計にはどのような特徴がありますか

Answer

退職給付会計とは，退職金制度を有する企業などが適用しなければならない会計処理や開示に関する考え方，基準のことをいいます。他の会計分野と同様に発生主義に基づいていますが，多様な退職給付制度を対象として数理計算という複雑な計算を行うなど，他の分野とは異なる特徴を有しています。

―― 解　説 ――

1 退職給付制度のある企業が対象

　退職給付会計は，退職給付制度を設けている企業などに適用されます。「退職給付に係る会計基準の設定に関する意見書」では，「退職給付とは，一定の期間にわたり労働を提供したこと等の事由に基づいて，退職以後に従業員に支給される給付をいい，退職一時金及び退職年金等がその典型である」とされています。したがって，退職給付制度のない会社には適用がありませんが，退職金や年金などの制度を設けている会社では退職給付会計が適用されることになります。

2 退職給付会計の特徴点

　退職給付会計も他の会計分野と同様に発生主義に基づいています。その一方で退職給付会計が取り扱う退職給付制度は基本的には法律で定められているものの、その制度設計自体は会社によって様々です。また、退職給付制度もいくつかの種類があるため会計基準も包括的なものとなっています。具体的な解説は他のQ&Aで行いますが、特徴としては、次のものがあげられます。

- 「確定給付型の企業年金」と「退職一時金制度」を前提とする
- 数理計算を行う
- 退職給付債務から年金資産を控除した純額を計上する
- 遅延認識を採用している

3 退職給付会計に関する基準等

　先述のような特徴点や退職給付制度が多様であるなどの理由から、退職給付会計に関する基準や指針などが数多く公表されています。また、IFRS(国際財務報告基準)自体の改訂やコンバージェンスの影響を受けて現在の基準等も今後大幅に変更されることが予定されています。

　現在公表されている基準や指針等は次のとおりです。

退職給付に係る会計基準の設定に関する意見書
退職給付に係る会計基準
退職給付に係る会計基準注解
「退職給付に係る会計基準」の一部改正(企業会計基準第3号)
「退職給付に係る会計基準」の一部改正に関する適用指針(企業会計基準適用指針第7号)
「退職給付に係る会計基準」の一部改正(その2)(企業会計基準第14号)
「退職給付に係る会計基準」の一部改正(その3)(企業会計基準第19号)
退職給付会計に関する実務指針(中間報告)(会計制度委員会報告第13号)

退職給付会計に関するQ&A（会計制度委員会）
退職給付制度間の移行等に関する会計処理（企業会計基準適用指針第１号）
退職給付制度間の移行等の会計処理に関する実務上の取扱い（実務対応報告第２号）
退職給付会計に係る税務上の取扱いについて（意見照会）（日本公認会計士協会）
退職給付会計における「退職給付に充てるために積み立てる資産について」、「信託」を用いる場合の基本的考え方（日本公認会計士協会）
退職給付信託について（リサーチ・センター審理情報No.16）
退職給付会計における未認識項目の費用処理年数の変更について（リサーチ・センター審理情報No.18）
退職給付会計における未認識数理計算上の差異の費用処理年数の変更について（審査・倫理・相談課ニュース［No.1］）
厚生年金保険法改正に係る退職給付会計適用上の取扱い（日本公認会計士協会）
厚生年金基金に係る交付金の会計処理に関する当面の取扱い（実務対応報告第22号）
退職給付会計に係る会計基準変更時差異の取扱い（リサーチ・センター審理情報No.13）
退職給付会計の見直しに関する論点の整理（平成21年１月22日企業会計基準委員会）
退職給付会計における未認識数理計算上の差異等の費用処理方法等の変更について（業務本部審理ニュース［No.6］）（平成22年２月12日日本公認会計士協会）

　また、現時点では公開草案が公表されています。平成22年３月に公表されて意見募集が行われましたが、ＩＦＲＳの改訂作業等を踏まえ引続き内容と適用時期など検討されています。

企業会計基準公開草案第39号「退職給付に関する会計基準（案）」 　なお、「退職給付に係る会計基準」の一部改正（企業会計基準第３号）、「退職給付に係る会計基準」の一部改正（その３）（企業会計基準第19号）、退職給付に係る会計基準の設定に関する意見書が統合されています。
企業会計基準適用指針公開草案第35号「退職給付に関する会計基準の適用指針（案）」 　なお、「退職給付に係る会計基準」の一部改正（その２）（企業会計基準第14号）、退職給付会計に関するQ&A（会計制度委員会）が統合されています。

Question 02
退職給付会計を適用すると引当金の額が増えると聞きましたが，引当金を計上しない退職金制度はありますか

Answer
会社の退職金制度によっては引当金を計上しない場合もあります。確定拠出年金などの掛金建てといわれる退職金制度では原則として引当金を計上することはありません。

――― 解 説 ―――

1 給付建てと掛金建て

退職金の制度には給付建てのものと掛金建てのものがあります。給付建ては退職金の給付額を先に決めて，その給付額を従業員に支払う義務を負う制度をいいます。掛金建ては年金制度などへ払い込む掛金額を先に定め，給付額は積立金の運用実績に応じて定まる制度をいいます。

2 給付建ては，「給付」＝「掛金」＋「運用収益」

一般に，退職年金制度は「掛金」と「運用収益」と「給付」で成り立っています。「掛金」は毎年の積立額，「運用収益」は退職するまでに集めた掛金を運用して獲得した収益です。「給付」は退職者に対する退職時までに積み上がった掛金と運用収益の支払いです。

仮に掛金を運用しなければ，「給付」＝「掛金」になり，運用すれば，「給付」＝「掛金」＋「運用収益」になります。

| 図1 | 給付建てのイメージ |

| | 運用収益 |
| 給 付 | 掛 金 |

　給付建ての場合は先に将来の「給付」額を決めますので，「掛金」額をいくらにするかは「給付」額を決めてから計算します。その計算には「運用収益」がどのくらい見込めるかを含めます。つまり，「掛金」＝「給付」－「(予定)運用収益」ということになります。

3　掛金建ては，「掛金」＋「運用収益」＝「給付」

　掛金建ての場合は「掛金」額を先に定めてこれを運用した「運用収益」を併せたものが「給付」額となります。つまり「掛金」＋「(実際)運用収益」＝「給付」ということになります。

| 図2 | 掛金建てのイメージ |

| 運用収益 | |
| 掛 金 | 給 付 |

4　引当金を計上する理由

　給付建ての場合は先に「給付」額を決めていますので，最終的に退職後に支払われる「給付」額に対して支払義務を負います。この退職後の給付に対して支払義務を負うため，給付建ての制度は引当金を計上する必要があるのです。
　他方，掛金建ての場合は，あらかじめ定めた「掛金」額を拠出して従業員が運用します。退職者はこの「掛金」＋「運用収益」の実際額を退職給付として

受け取りますので、雇用主（会社）の支払義務は退職金支払額である「給付」ではなく「掛金」です。掛金は従業員に対して拠出（支払い）されますので引当金を計上する必要がありません。

5 引当金として計上されるのは当期末までに発生している部分

　考えてみますと、掛金建ての場合も従業員が退職するまでは会社は掛金を支払う義務を負うので、将来の掛金分を引当金として計上しなければいけないような気がします。

　しかし、会計では発生主義の考え方に基づいていますので、引当金に計上する金額は当期末までに発生しているものに限ります。掛金建ての場合、当期末での雇用主の支払義務は当期末までに発生した掛金額になりますので、将来において掛金として拠出する部分については引当金としては計上する必要はありません。

　当期末までに発生した部分のみを計上するのは給付建ても同様です。将来の退職時点での給付額が確定していたとしても、あくまで引当金の対象となるのは当期末までに発生している部分だけです。

　つまり、給付建ては当期末までに発生している部分が従業員個人に対して支払われていないために引当金を計上することになり、掛金建ては当期末までに発生している分がすでに従業員個人分として支払われているために引当金を計上する必要がないということになります。

　仮に、掛金建ての場合で、当期の掛金が支払われていないときには、その未払分は「未払金」として計上されることになります。

表　給付建てと掛金建ての引当金

給付建て	支払いは退職後→当期までの分は支払われていない→引当金必要
掛金建て	掛金支払いは毎期→当期までの分は支払済み→引当金不要

第1章　退職給付制度と退職給付会計

03

来期にリストラを予定しています。リストラでは早期割増退職金を支払う準備がありますが，退職給付引当金として計上することになりますか

Answer

早期割増退職金や会社都合による退職金の支払いは退職給付引当金の対象になりません。リストラの場合では従業員が早期退職制度に応募して退職金額を合理的に見積もることができるときにその時点で費用処理します。期末時点で未払いの場合には，未払金や未払費用，退職給付引当金以外の引当金などの科目で計上することになります。

解　説

1　退職給付会計の対象は退職金や退職年金

　退職給付とは，一定の期間にわたり労働を提供したこと等の事由に基づいて退職後に従業員に支給される給付のことをいいます。退職金規程に基づいて支払われる退職金や退職年金が退職給付ということになります。
　退職給付会計基準はこれら退職給付の会計処理に適用されるものです。ですので，退職給付に当てはまらないものは退職給付会計基準の範囲には含まれないことになります。

2　退職給付会計の対象となる「退職給付」とは

　退職給付会計基準では退職給付の定義と基準の範囲が明確にされています。退職給付会計の対象となるかどうかは，以下の要件をすべて満たしているかど

うかで判断します。

(要件)
① 給付建ての退職金（退職年金）制度の枠内での給付であること
② 退職給付が労働の対価としての性格をもつこと
③ 債務の測定を合理的に行うことができること

3 給付建ての退職金（退職年金）制度の枠内での給付である

　給付建ての制度については Q02 で説明したとおりです。この制度には，厚生年金基金，確定給付企業年金（基金型及び規約型），適格退職年金，退職一時金などがあります。掛金建ての制度（確定拠出年金，中小企業退職金共済など）は，退職給付会計の対象となりません。

4 退職給付が労働の対価としての性格をもつ

　退職給付は労働の対価として支払われることが重要です。つまり，退職給付は給与の後払いの性格をもっていると考えています。ということは退職給付にあたるかどうかの判断は，「給与」にあたるかどうかを判断すればよいことになります。

　臨時に支給される割増退職金は，将来の勤務を放棄することの代償や失業期間中の補償としての性格があり，労働の対価との関係が乏しい（「給与」とはいえない）ので退職給付にあたりません。

　死亡時に支給される弔慰金や特別退職金なども，労働の対価性が低い（「給与」とはいえない）という理由から退職給付にはあたりません。

　株主総会の承認などが必要となる役員退職慰労金は，通常は在任中の功績報酬が加味される部分が少なくないため，労働の対価性が明確でない（「給与」とはいえない）と考えられています。そのため，原則として退職給付会計の適用外となっています。

5 債務の測定を合理的に行うことができる

　最後の要件は，金額の見積りが合理的にできるかどうかというものです。

　退職給付会計では当期末の引当金の額を算定するために将来の支給額を見積もる必要があります。将来の支給額を見積もるためには，次の二つの条件が求められます。

① 過去に確実な支給実績があり，今後も支給が確実に見込まれること
② 支給額の発生確率について事前に合理的に見積りができること

　将来の支給額を見積もるためには，まずは将来の退職給付額を把握することが必要です。これには退職金（年金）規程に支給額や算定式が明記されていることが求められます。また，支給慣行があり過去において確実な支給実績があり今後も支給が確実に見込まれる場合も，合理的な測定が可能であると考えられます。

　次に見積りを合理的に行うためには，将来事象の発生確率を織り込んだ「期待値」を算定する必要があります。退職給付は，たとえば60歳の定年時など，将来の一時点だけで発生するものばかりではなく，人によっては様々な年齢で退職するのでこれに応じて退職給付が支払われます。そのため，各年齢に応じた退職率などを用いて退職給付が生じる可能性と，その時点ごとの支給額を使用することによって将来の支給額を見積もって，債務を合理的に測定することになります。

退職給付制度にはどのようなものがありますか

Answer

わが国の退職給付制度には様々なものがあります。退職一時金，厚生年金基金，適格退職年金，確定給付企業年金（基金型及び規約型），確定拠出年金，中小企業退職金共済，特定退職金共済，前払退職金，自社年金などがあります。

――― 解　説 ―――

わが国の年金制度は，国民年金や厚生年金などの公的年金と企業年金や個人で加入する私的年金に分けられます。このうち，企業年金といわれる退職給付制度に対して退職給付会計が適用されることになります。

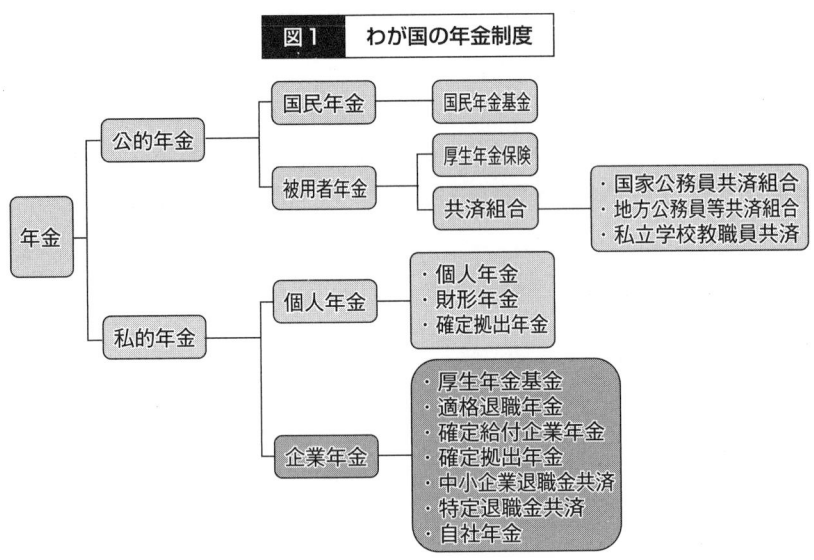

図1　わが国の年金制度

会社はそれぞれ独自の退職金規程等をつくり多様な退職金制度を設けています。退職金制度によっては退職給付会計の対象とならないものもあります。また、支払方法についても年金以外にも退職一時金や前払退職金などがあります。

退職給付会計では、退職金制度と退職年金制度を退職給付制度と呼んでいます。企業の退職給付制度には以下のものがあります。

1 退職一時金制度

退職一時金制度は、退職給付の原資について外部積立てを行わずに、従業員が定年や自己都合で退職する際に一時金として支払う制度をいいます。退職金は、一般に労働協約又は就業規則による退職金規程で定められた内容に基づいて支給されます。

なお、企業の年金制度においても、一時金での支給を選択することが認められているケースがあります。ただし、年金制度では年金資産を運用・管理している企業外部の管理者から退職者に対して退職金を支給されますが、退職一時金制度では通常は企業が退職者に対して直接支給する点が大きな違いです。

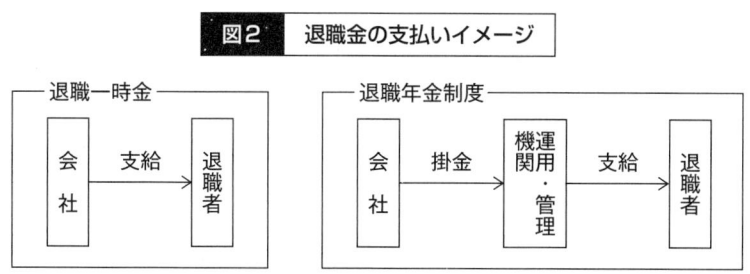

図2　退職金の支払いイメージ

2 厚生年金基金

国が行う厚生年金の給付の一部を企業が代行し、さらに企業独自の上乗せ給付を行う年金制度をいいます。企業が代行する給付は「代行部分」、上乗せ給付は「プラスアルファ部分」と呼ばれ、企業とは法人格の異なる基金を設立することによって年金資産の運用管理を行っています。基金設立の形態によって、

単独設立型，連合設立型，総合設立型の３タイプに分けられます。年金基金の財政悪化と退職給付会計導入に伴って企業の多くは給付による負担を軽減するために代行部分の返上を行いました。その結果，基金数はピーク時には1,883基金ありましたが，現在ではその３分の１程度に減少しています。

なお，事業主が負担する掛金は全額が法人税の損金となり，加入員が負担する掛金は所得税の社会保険料控除の対象になります。

3 適格退職年金（適年）

法人税法施行令159条に定められる14の適格要件すべてを満たして，国税庁長官の承認を得た年金制度をいいます。加入者は15名以上で，信託銀行，生命保険会社又は全国共済農業協同組合連合会などの受託機関と年金信託契約，年金保険契約又は年金共済契約などを締結します。

平成14年４月の確定給付企業年金法の施行に伴って新設は認められなくなりました。また，既存の制度についても10年以内（平成24年まで）に確定給付企業年金等，他の年金制度に移行するか廃止することが決められました。

なお，事業主が負担する掛金は全額が法人税の損金となり，従業員負担分がある場合は所得税の生命保険料控除の対象になります。

4 確定給付企業年金（基金型）

確定給付企業年金制度は，平成14年４月に施行された確定給付企業年金法に基づいて定められたものです。年金等の受給権の保護を明確にするために，受託者責任の明確化や財政検証，情報開示，分散投資などが義務付けられています。

このうち，基金型は母体企業とは別の法人格をもった基金を設立し，その基金において年金資金を管理・運用しながら年金給付を行うものです。300人以上の加入者が必要であり，その形態は厚生年金基金と似ています。ただし，厚生年金の代行を行わない点が厚生年金基金との大きな違いで，厚生年金基金が代行返上を行った後の企業年金制度の受け皿になります。

5　確定給付企業年金（規約型）

　規約型は，労使が合意した年金規約に基づいて企業と信託会社や生命保険会社等が契約を結び，母体企業の外部機関で年金資金を管理・運用しながら年金給付を行うものです。

　規約型は加入者数の最低基準がなく，適格退職年金制度と類似の形態をとるため適格退職年金の受け皿になります。適格退職年金制度と異なる点としては，受給権の保護や付与，過去勤務債務の償却方法のほか，基金型と同様に財政検証や情報開示等の義務があり，受給権保護の厳しい基準が設けられています。

6　確定拠出年金

　ポータビリティーを促進し証券市場を活性化することを目的に平成13年10月に施行された確定拠出年金法に基づいて創出された確定拠出型の年金制度です。

　毎月拠出する掛金額をあらかじめ定め，この掛金を積立運用した元利合計額に基づいて年金等を受給する貯蓄型の制度で，従業員個人が自己の責任で運用の指図を行い，高齢期にその運用成果に基づいて給付を受けます。

7　中小企業退職金共済制度（中退共）

　昭和34年に国が中小企業退職金共済法に基づいて創設した制度で，中小企業が加入することのできる社外積立型の退職金制度です。

　勤労者退職金共済機構の中小企業退職金共済事業本部が運営し，事業主が中退共本部と退職金共済契約を結び，毎月の掛金を金融機関に納付します。

　従業員が退職したときには，その従業員に対して中退共本部から退職金が直接支払われます。あくまで中小企業を対象としていますので，規模によっては加入できない会社もあります。

8 特定退職金共済制度

　個人事業主又は法人が，所得税法施行令73条に定める商工会議所や商工会などの特定退職金共済団体と退職金共済契約を締結，掛金を拠出し，加入事業主に代わって特定退職金共済団体から従業員に直接退職金等の給付を行う制度です。地区内の事業主であれば規模・業種を問わず加入できます。

9 前払退職金

　退職金を退職した後に支払うのではなく，月々の給与や賞与に上乗せして支払う制度のことを一般に前払退職金と呼んでいます。企業が将来の給付負担を避けるために退職給付制度を変更する場合に，他の退職金制度との選択肢として採用しているケースが多いようです。他の制度と異なり，従業員にとっては通常の給与に加えて支給されるものですので，給与所得として所得税が課されます。

10 自社年金

　前述の年金制度のような法律で定められた制度を利用せずに，従業員の退職給付のための準備金を企業が独自に積み立てる制度をいいます。税制上のメリットはなく，自社年金を運用する企業にとっては，積み立てた資金を事業資金として使用することができます。従業員にとっては，年金資金が社外に積み立てられていない場合には将来の受給が保証されないリスクがあります。

第1章　退職給付制度と退職給付会計

Q05

厚生年金基金が国に代わって支給する年金部分も退職給付会計の対象となるのですか

Answer

厚生年金基金は会社独自の年金制度部分と国が行う厚生年金保険の給付の一部を国に代わって行う部分があります。このうち国に代わってして支給する部分を代行部分と呼び，退職給付会計では会社の債務として認識します。

――― 解　説 ―――

1　厚生年金とは

会社に勤めるサラリーマンは厚生年金保険に加入します。厚生年金保険は公的年金ですので，保険料を国に納めて一定の年齢を過ぎると国から年金が支給されます。

2　代行とは

昭和41年（1965年）に始まった厚生年金基金は厚生年金のうち報酬比例部分を国に代わって給付する独特の仕組みをもっています。この給付が代行される部分は「代行部分」と呼ばれています。企業の年金制度が普及してきたことによって企業の退職金制度と公的年金である厚生年金保険との調整をとるために考えられたものです。

代行部分を企業独自の年金制度に加えて運用することによって年金資産の運用にスケールメリットを活かすことができます。また，厚生年金基金にはさらに企業の実態に応じた独自の上乗せ給付であるプラスアルファ部分が認められ

ているため，従業員に対する手厚い年金給付が可能になります。

表　厚生年金基金の特徴

代行制度	報酬比例部分とプラスα，平成14年から返上
給付形態	「代行型」，「加算型」，「共済型」
加入資格	厚生年金保険の被保険者
給付	年金給付，一時金給付（脱退・選択・死亡），遺族・障害給付
給付減額	加入者（受給者）の3分の2以上の同意
掛金	標準給与を基準 事業主負担分は全額損金 加入員負担分は社会保険料控除の対象
財政運営	財政再計算：5年に一度 財政検証：継続基準と非継続基準
企業年金連合会	ポータビリティの確保 支払保証

3 代行部分は会社の債務

　代行部分はもともと国の厚生年金の一部であるため，会社の債務として会計に含めるのは問題があるという考え方もありますが，退職給付会計では代行部分も従業員に対する会社の債務と考えています。

　その理由は，代行部分についても企業独自の年金（「加算部分」）と同様に会社が負担責任を免れることができないことや，代行部分に対して拠出された掛金は厚生年金基金で一体として管理・運用されるため区分できないことなどがあるからです。

　そのため，退職給付会計では代行部分を含む基本部分と加算部分と併せて債務の認識を行います。

第1章　退職給付制度と退職給付会計

図　厚生年金と厚生年金基金の関係

（厚生年金基金以外）		（厚生年金基金）	
会社の独自の退職金	⇒	基金の「加算部分」	基金へ納付，基金から支給。代行部分は労使折半。プラスα，加算部分については事業主が負担。
		基本部分のプラスα（上乗せ給付）	
厚生年金（老齢厚生年金）	⇒	代行部分（基金の「基本部分」）	
		老齢厚生年金（再評価・物価スライド部分)	国へ納付，国から支給。
国民年金（老齢基礎年金）⇒厚生年金保険料に含まれる	⇒	国民年金（老齢基礎年金）⇒厚生年金保険料に含まれる	

代行部分を国へ返還したら会社の債務は減るのですか

Answer

厚生年金基金が代行する部分は国へ返還することが可能であり，返還後は会社の債務でなくなります。その結果，退職給付会計においても債務として認識する必要はなくなります。

―― 解 説 ――

1 代行部分の返還

平成14年（2002年）の確定給付企業年金法の施行に伴って，企業の厚生年金基金制度の代行部分を国に返還することが可能となりました。返還後の厚生年金基金は，残った企業独自の年金である加算部分を確定給付企業年金へ移行することもできます。

返還されるものは，過去期間の代行部分の積立金である最低責任準備金相当額になります。

2 返還後は会社の支払義務が消滅

代行部分はそもそも被用者年金である厚生年金の一部であるため，国へ返還することによって企業は代行給付の支払義務を免れることになります。退職給付会計では代行部分は会社の債務であると考えているためその対象としていますが，返還することによって退職給付会計の対象ではなくなります。

第1章 退職給付制度と退職給付会計

3 代行返上のステップ

代行返上には五つのステップがあります。申請から認可まではそれぞれ1～2か月，過去分返上の認可から納付まではおよそ1～4か月を要します。
① 将来分支給義務免除の認可の申請
② 厚生労働大臣による将来分支給義務免除の認可
③ 確定給付企業年金への移行又は解散に必要な手続の実施と過去分返上の認可の申請
④ 厚生労働大臣による移行に関する認可（過去分返上の認可）
⑤ 最低責任準備金の返還納付（過去分の現金納付）

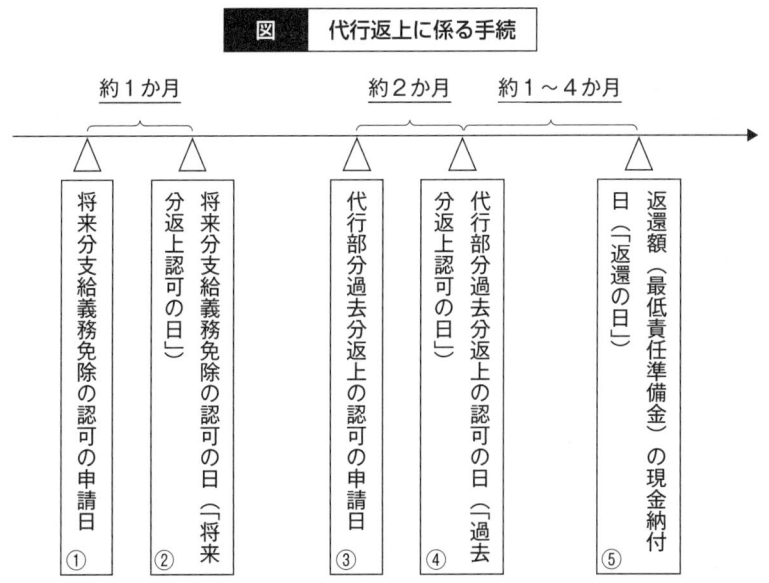

図　代行返上に係る手続

4　退職給付会計への影響

　会計処理が必要となるのは，上記の②，④，⑤のステップです。
　ステップ②では，将来の昇給分だけ債務の減少を認識します。年金や退職給付での債務の考え方では，過去だけでなく将来会社で働く期間も現在時点の債務に影響します。年金計算では，従業員の定年までの期間の掛金合計と年金支給額合計がバランスするように掛金額を計算し，同時に現在時点の必要額を算定します。また，退職給付会計でも将来の勤務や給与，退職率などを見積もって現在時点の債務を計算します。いずれも，将来の勤続期間も計算に含まれていますので，現時点の債務には将来分といわれる計算上の支給義務が含まれていることになります。

　ステップ④では会計上の債務である退職給付債務と返還相当額との差額を損益として処理します。また，会計上の未償却額（未認識項目の残高）も同時に損益として処理します。過去分は現在時点での債務のうち将来分を除いたものですので，実際の返還額とほぼ同額になります。そのため，実際の返還時点ではなく，この時点で債務の減少を認識します。

　ステップ④の返還相当額はその時点での見積額ですので，実際の返還額との間に差額が生じます。そのため，ステップ⑤ではステップ④での見積額と実際の返還額との差額を損益として処理します。

Q07

適格退職年金（適年）は続けられないと聞きましたがどうすればいいですか

Answer

適年は国の方針により平成24年3月でなくなります。適年を採用していた会社は，制度を廃止するか他の退職金制度に移行することになります。

― 解　説 ―

1　適年は平成24年3月に廃止される

Q04 でも説明しましたように，確定給付企業年金法の成立によって適年は平成24年（2012年）3月に廃止されます。

適年は事業主が比較的自由に設計できるという特徴があります。主な特徴は表のとおりです。

表　適格退職年金の特徴

制度設計	企業の規程等で比較的自由に設計可能
給付	年金給付 退職一時金を支払うことが可能 遺族年金又は一時金を支払うことも可能
掛金	事業主負担分は全額損金 従業員負担分は生命保険料控除の対象 従業員も拠出する場合，原則掛金総額の50％以下
解約	解約の手続：解約書類の提出（従業員の同意不要） 解約返戻金：従業員に分配（一時所得）
財政運営	財政再計算：5年に一度，剰余金は事業主に返還 財政検証：継続基準のみ

2　制度終了にあたっての対応

これまで適年を採用していた会社には大きく次の四つの選択肢があります。

① 生命保険会社などの受託機関との契約を解約せずに自社年金制度として継続する
② これまで積み立てられていた適年資産を従業員に分配し退職給付制度そのものを廃止する
③ 適年資産を従業員に分配した後に退職一時金制度を設ける
④ 適年資産を分配せずに他の退職給付制度へ移行する

3　受託機関との契約を解約せずに自社年金制度として継続する場合

適年のメリットの一つは会社の拠出した掛金が税務上損金になることです。自社年金制度として契約を継続するとそのメリットがなくなります。

会計処理としては，基本的にこれまでの適年と同じですが，税務上損金にな

るのは掛金を拠出した時点ではなく，一時金制度と同じく給付を行った時点になります。

4 適年資産を従業員に分配し，退職給付制度を廃止する場合

適年資産を従業員に分配した場合には，解約返戻金として一時所得となり従業員は所得税が課されますので注意が必要です。また，退職金を前払いで支給する場合には給与所得として所得税が課されます。

適年資産を分配して退職給付制度を廃止すると，退職給付会計では「制度の終了」として扱われることになります。その時点で会計上の積立不足があれば損益で処理することになります。

税務上のメリットがなくなったからといって退職給付制度そのものを廃止することは従業員のモチベーションなどの面からも得策でないかもしれません。会社の負担が過大とならない範囲で新たに退職一時金制度や前払退職金制度などを設けることも考えられます。

5 適年資産を従業員に分配し，退職一時金や前払退職金など年金以外の制度を設ける場合

退職一時金制度は給付建ての退職給付制度ですので，新たに設ける場合には新しい制度内容に基づいた新たな義務が会社に生じることになります。退職一時金制度には基本的に年金資産がありませんので，退職給付会計に基づいて算定された債務の額の全額を認識することになります。これまでの適格年金制度の会計上の積立不足額と新しい一時金制度の債務額に差があればこれを損益として認識することになります。

一方で，前払退職金制度は退職金に見合う額を給与などと一緒に従業員に支払うものです。そのため退職給付会計においては将来の債務を認識せずに，掛金建ての制度と同じように支払時に費用処理することになります。

6　適年資産を分配せずに他の退職給付制度へ移行する場合

　従業員にとっては適年から他の退職給付制度へ移行することが一番よいのかもしれません。会社にとっては移行手続や制度設計など負担となりますが，結果的にもっとも多くの会社が選択しています。

　ただ，他の制度への移行といっても移行先の制度は様々なものがあります。確定給付企業年金や企業型確定拠出年金，中小企業退職金共済など，会社の社風や規模，会計上の対応などの観点からどのような制度を選択するか慎重に検討することになります。

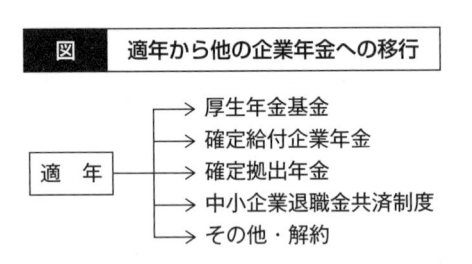

図	適年から他の企業年金への移行

適　年
→ 厚生年金基金
→ 確定給付企業年金
→ 確定拠出年金
→ 中小企業退職金共済制度
→ その他・解約

　他の退職給付制度へ移行する場合の会計処理は，移行先の制度によって様々です。

　給付建ての制度へ移行する場合には，制度上は年金制度が継続すると考えるため，基本的にこれまでの会計処理を継続することになります。

　掛金建ての制度は退職給付会計の範囲外です。そのため掛金建ての制度へ移行する場合には，給付建ての制度が終了すると考えます。その時点で会計上の積立不足がある場合には損益で処理することになります。

　また，一部を掛金建ての制度に移行し，残りは給付建ての制度に移行する場合には，「制度の一部終了」と考えます。掛金建てに移行する部分と給付建てに移行する部分に分けて会計処理を行うことになります。

Question 08
確定給付企業年金制度にはどのような特徴がありますか

Answer

確定給付企業年金制度とは，厚生年金基金や適格年金（適年）とは別に国が法律によって定めた退職年金制度です。これには基金型と規約型があり企業にとって様々な厳しい要件が求められています。

― 解　説 ―

1　確定給付企業年金制度とは

　いわゆるバブル経済が崩壊した後は経済環境が悪化し各種年金の運用も悪化しました。厚生年金基金や適年も例外ではなく，年金制度の存続を含めた問題に対応するために平成14年（2002年）４月から確定給付企業年金法が施行されました。確定給付企業年金制度はこの法律に基づく制度です。

　確定給付企業年金法では，厚生年金基金の代行部分の返上や適年の廃止についても規定しています。つまり，代行返上や適年の廃止の後に残された企業の年金制度の受け皿として確定給付企業年金制度を位置付けているものと考えられます。

2 基金型と規約型の違い

確定給付企業年金は厚生年金の適用事業所であれば導入できます。基金型と規約型は仕組みが異なりますが，制度内容に大きな違いはありません。ただし，基金型は加入者が300人以上であることが必要ですので，規模の大きくない会社は規約型を選択することになります。

表1　確定給付企業年金制度の特徴

加入者	厚生年金保険の被保険者 私立学校教職員共済制度の加入者
給付	老齢給付（基本） 脱退一時金（老齢給付の受給要件なし） 終身又は5年以上支給
支給要件	原則60歳以上65歳以下で老齢支給 受給資格期間は20年以下 脱退一時金の受給資格は3年以下
財政検証	財政再計算 財政検証：継続基準と非継続基準
受託責任	法令・規約・その他契約の遵守 忠実義務・利益相反行為の禁止等の行為準則 情報開示（年1回周知）

3　基金型の特徴

　基金型は代行部分の返上を行った厚生年金基金の受け皿でもあるため，厚生年金の代行を行わない点を除いて厚生年金基金とほとんど同じです。母体の企業とは別の法人格をもった基金を設立して，基金が年金資産を管理・運用し，年金給付を行います。

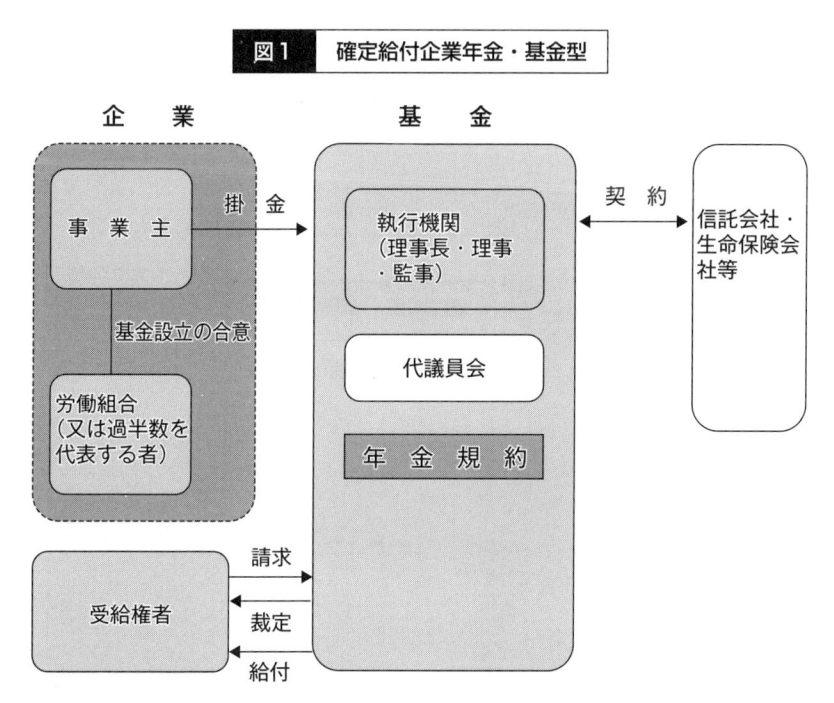

図1　確定給付企業年金・基金型

```
企　業                          基　金

┌─────────────┐   掛金   ┌──────────────┐   契約   ┌──────────┐
│  事業主      │ ──────→ │ 執行機関      │ ←────→  │ 信託会社・│
│              │         │（理事長・理事 │         │ 生命保険会│
│              │         │ ・監事）      │         │ 社等      │
└─────────────┘         │              │         └──────────┘
   基金設立の合意         │  代議員会     │
┌─────────────┐         │              │
│ 労働組合     │         │  年金規約     │
│（又は過半数を│         │              │
│ 代表する者） │         └──────────────┘
└─────────────┘
                 請求
┌─────────────┐ ──────→ 
│ 受給権者     │   裁定
│              │ ←──────
│              │   給付
└─────────────┘ ←──────
```

出典：厚生労働省HP「確定給付企業年金法の概要」

4 規約型の特徴

　規約型も基金型と内容は同じですが，労使が合意した年金規約に基づいて信託会社・生命保険会社等の受託機関と契約を結びます。つまり，母体企業の外で年金資金を管理・運用し，年金給付を行います。適年と類似の形態をとりますが，適年とは異なり厳しい受給権保護が求められているため，適年を採用していた会社にとっては様々な負担が増えることになります。

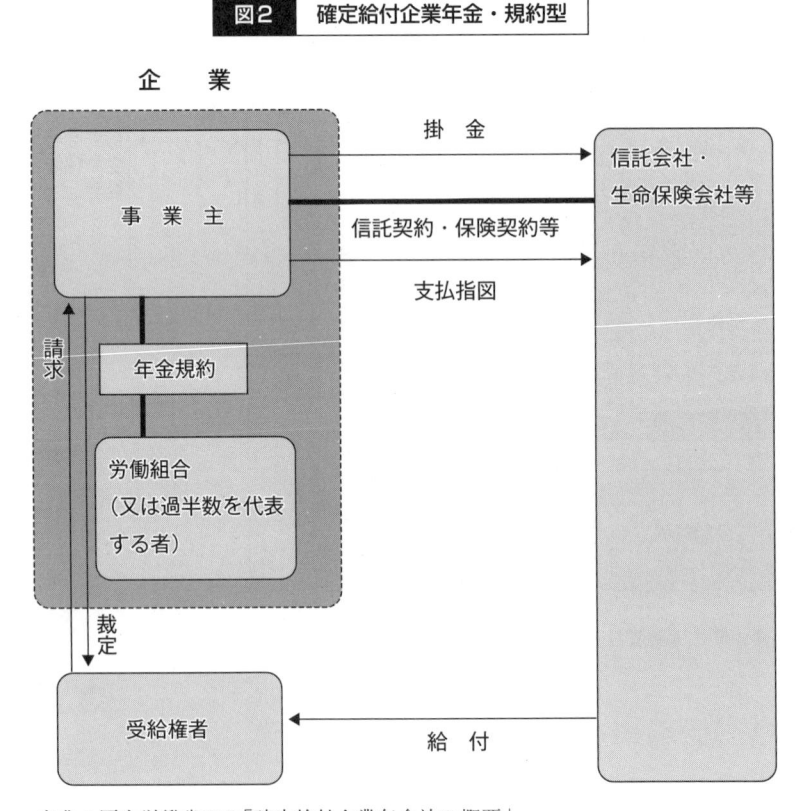

図2　確定給付企業年金・規約型

出典：厚生労働省ＨＰ「確定給付企業年金法の概要」

表2 適年と規約型の異同

	適年	規約型
積立不足	償却義務なし	一定水準を下回った場合には償却義務が生じる
給付設計	自由度がある （例） 定年のみ支給や一定年齢や一定勤続以上の者だけ一時金支給が可能	法律で定められている （例） 老齢給付金は一定の年齢から支給 脱退一時金は3年以上勤務したものには必ず支給
手続	事業主が任意に受託機関と契約を締結するのみ	労使合意に基づいて規約を作成し，地方厚生局に申請・承認を得る
予定利率	高い水準でも可能 掛金負担の減少	実勢を超える水準は不可 掛金負担の増加

5 退職給付会計での考え方

　厚生年金基金，適格年金，確定給付型企業年金は，いずれも給付建ての退職金制度です。そのため，退職給付会計での考え方に基本的に違いはありません。

Question 09

確定拠出年金制度とはどのようなものですか

Answer

国の法律によって定められた掛金建ての年金制度です。米国の制度にならってつくられたので，日本版401Kなどといわれています。掛金額を拠出したときに費用として計上します。

解　説

1　確定拠出年金制度はなぜ生まれたか

　これまでの年金制度や退職金制度では，転職した場合や会社が倒産した場合にはわずかな退職金しかもらえないケースや退職金や年金が支払われないケースがありました。これは今までの退職給付制度が一つの会社に長く勤めた者に優遇されている仕組みであることや，確定給付型の企業年金では会社が給付を負担するために，破産などにより会社が倒産した場合にはその原資が保証されなくなってしまうからです。

　また，バブル経済崩壊後は日本経済が低迷し，株価も下落を続けましたので，日本の証券市場を活性化することも求められました。

　このような問題を解決するために，当時米国で行われていた401Kという確定拠出年金の制度を参考にわが国独自の確定拠出型の年金制度が採用されたのです。

2　企業型と個人型

　いわゆるサラリーマンだけでなく自営業者も確定拠出年金制度に加入することがきます。

退職給付制度として確定拠出年金を導入している会社の従業員が通常加入するものは「企業型」といわれるものです。

一方，退職給付制度がない会社に勤めるサラリーマンや自営業を営んでいる個人が加入できるものが「個人型」といわれるものです。これは，転職や退職，会社倒産などのケースでも，それまで獲得した退職金相当額をその個人が確保することによって安心して60歳まで働けるように配慮したものです。

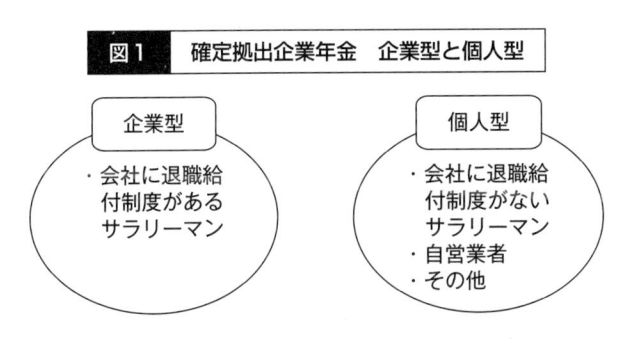

図1　確定拠出企業年金　企業型と個人型

企業型
・会社に退職給付制度があるサラリーマン

個人型
・会社に退職給付制度がないサラリーマン
・自営業者
・その他

3　ポータビリティ

転職や会社の倒産とは無関係にそれまで獲得した退職金相当額を確保することによって，転職の機会を活かすことや雇用者を保護することができます。これは，獲得した退職金を持ち運ぶイメージがあるので「ポータビリティ」と呼ばれています。

たとえば，企業型の確定拠出年金制度に加入していたサラリーマンが転職した場合，転職先の会社が確定拠出企業年金制度を導入しているのであればそれまで獲得した退職金相当額を引き継ぐことができます。

転職先に退職給付制度がない場合や自営業者になった場合でも，個人型の確定拠出年金に加入して同様に引き継ぐことができます。

4　確定拠出年金は掛金建て

　確定拠出年金は会社が従業員一人ひとりに対する掛金を拠出し，従業員は拠出された掛金を原資に自己責任で運用（指図）するものです。掛金建ての制度ですので，会社は拠出した掛金以上の義務を負いません。

　また，従業員は自己責任で運用指図を行いますので，運用に成功すれば退職後には拠出金の総額よりも多く年金を受給することができますが，運用に失敗すれば拠出金の総額よりも少ない年金しか受給することができません。

　確定拠出年金では，この掛金と運用収益の合計額を「個人別管理資産」と呼び，加入者個人別に把握管理されています。他の会社に転職したり自営業者になった場合には，この個人別管理資産を持ち運ぶことになります（ポータビリティ）。

図2　個人別管理資産とポータビリティ

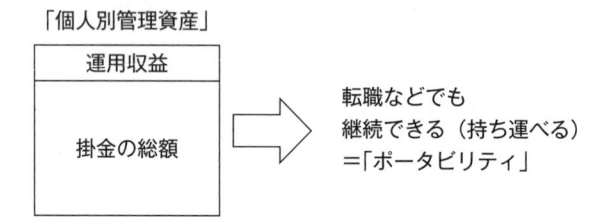

「個人別管理資産」

運用収益
掛金の総額

⇒　転職などでも
継続できる（持ち運べる）
＝「ポータビリティ」

第1章 退職給付制度と退職給付会計

Q10 確定拠出年金にはどのような特徴がありますか

Answer

確定拠出年金はポータビリティが可能となり運用の成果によっては年金を多くもらうことができるメリットがありますが，運用は自己責任であるために投資に関する学習が必要になるなどデメリットもあります。

——— 解説 ———

1 運用実績に応じて変動する給付額

確定拠出年金の掛金は退職年金規約によってあらかじめその拠出額が決められています。確定給付型の年金制度では当初予定した運用収益よりも低い運用成果となった場合には会社は不足額を追加で拠出する義務を負いますが，確定拠出年金では会社は運用リスクを負うことがないため拠出額を超える負担がありません。

一方で，従業員の退職年金給付は自己の指図に基づいた運用成果に依存するために，老後の生活保障という観点では心もとない制度といえるかもしれません。

2 法律により上限が定められている掛金額

掛金の拠出額はあらかじめ年金規約に決めますが，算定方法は法律によって三つの方法以外は認められていません。また，掛金額の上限も定められています。

表1　確定拠出年金の掛金算定方法

掛金の算定方法	給付の算定式	留意事項
定額	一定額	全加入者が同額
給与に一定率を乗じる方法（給与比例式）	給与×一定率	「給与」とは給与規程等で定めたものや，年金制度のために特別に定めたもので事業主の恣意性がなく給与規程等で定めたものなど
上記の併用	上記の組合わせ	定額と給与比例式の合計額により算定

表2　拠出限度額

区分	対象	拠出限度額
企業型年金	確定給付型の年金を実施していない会社等	月額51,000円
企業型年金	確定給付型の年金を実施している会社等	月額25,500円
個人型年金	自営業者等	月額68,000円
個人型年金	企業型年金や確定給付型の年金を実施していない会社等	月額23,000円

3 掛金拠出額が会計上の費用

　確定拠出年金は掛金の拠出額以外は会社の追加負担がないため確定給付企業年金のように会社は債務を認識しません。

　そのため，会計処理としては，掛金の拠出時に掛金額を費用として計上するだけになります。

4 加入者ごとに個人勘定を設定し，残高の変動を記録・管理

　掛金と運用収益で積み立てられた資産は「個人別管理資産」として明確に区分されています。この個人ごとの持分明細は運営管理機関（金融機関）から報告されます。

　ただし，運用がうまくいったからといっていつでも自由に資産を引き出せるわけではなく，60歳になって初めて年金として給付を受けることになります。

表3　確定拠出年金の特徴

掛金拠出額	法律により上限あり（会計上の費用となる）
給付	老齢給付金 障害給付金 死亡一時金 5年以上の有期又は終身，一時金
給付額	運用実績に応じて変動
給付事由	60歳の到達，死亡，高度障害
ポータビリティ	個人ごとの勘定があるため可能

Question 11
確定拠出年金制度へ移行する際にはどのような条件がありますか

Answer
退職一時金から移行する場合には減少する自己都合要支給額が限度となります。適格年金や厚生年金基金などの年金制度から移行する場合には積立不足がないことが求められます。

解説

会社が新しく企業型の確定拠出年金制度を創設して一からスタートするのではなく、これまでの退職給付制度から確定拠出年金へ移行する場合にはいくつかの留意点があります。

1 企業型確定拠出年金へ資産移換が可能なケース

① 退職一時金制度（退職金規程）の減額又は廃止により要支給額を基準に算定される額を移換する場合
② 厚生年金基金の給付を減額して積立金の一部を移換する場合
③ 厚生年金基金を解散した場合に残余財産を移換する場合
④ 確定給付企業年金の給付を減額して積立金の一部を移換する場合
⑤ 確定給付企業年金が終了した場合に残余財産の全部又は一部を移換する場合
⑥ 適格退職年金契約の全部又は一部を解除したことにより事業主に返還される資産を移換する場合

第1章　退職給付制度と退職給付会計

2　退職一時金制度から確定拠出年金へ移行する場合（①のケース）

　退職金規程に基づいて算定した自己都合要支給額の減少分を限度として移換することが可能です。移換の方法は，移行日の属する年度を含め4年から8年以内で均等分割することになっています。

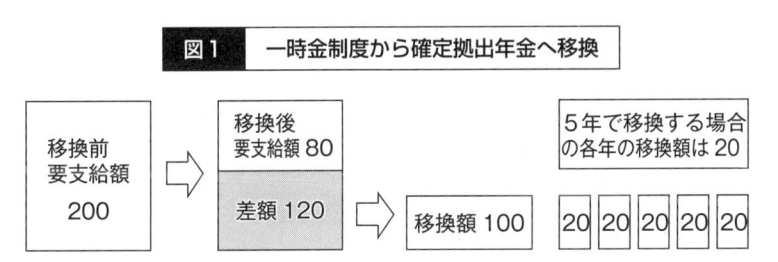

図1　一時金制度から確定拠出年金へ移換

移換前要支給額 200 → 移換後要支給額 80／差額 120 → 移換額 100 ／ 5年で移換する場合の各年の移換額は 20 ： 20 20 20 20 20

3　企業年金から移換する場合

　移換後の企業年金に積立不足がある場合には，確定拠出年金に移行することができません。この場合には，掛金の一括拠出を行うか，給付の減額によって積立不足を解消する必要があります。具体的には，移換した後の企業年金の年金資産額が，数理債務と最低積立基準額のいずれの額を下回ってはいけません。

（企業年金）
積立金 70／積立不足 30 ｜ 年金債務 100
積立不足がある場合には移換できない

図2　積立不足を一括拠出して移換する場合

（旧企業年金）
- 積立金 70
- 掛金受入 30
- 年金債務 100

一括拠出 →

（新企業年金）
- 積立金 50 ／ 年金債務 50
- 移換金 50 → 確定拠出年金へ

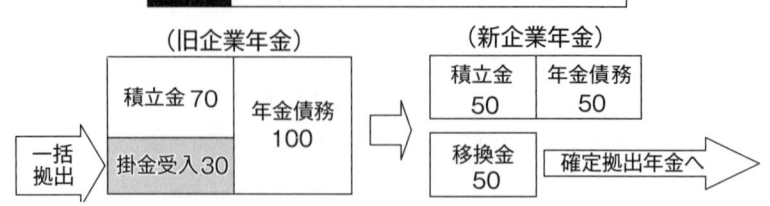

図3　積立不足を給付減額して移換する場合

（旧企業年金）
- 積立金 70
- 積立不足 30
- 年金債務 100
- 給付減額 30

→

（新企業年金）
- 積立金 50 ／ 年金債務 50
- 移換金 20 → 確定拠出年金へ

Q12 中小企業退職金共済制度(中退共)について教えてください

Answer

中退共は掛金建ての制度で，会社が外部に拠出金を支払い，退職時に退職金が外部から直接退職者に支払われるものです。

―― 解　説 ――

1 中小企業のための共済制度

　中退共は，独力で退職給付制度をもつことができない中小企業でも退職金を準備できるように，中小企業の従業員の福祉増進を図るために設けられた退職金積立金制度です。

　会社が負担する掛金は税務上損金となる優遇措置があり，国による助成制度もあります。

2 加入できる会社

　中退共に加入できる会社には規模による制限があります（表1）。加入後に従業員が増加するなどして基準を満たすことができなくなった場合には，一定

表1　中退共への加入条件

業　種	常用従業員数		資本金・出資金
一般業種（製造業，建設業等）	300人以下	又は	3億円以下
卸売業	100人以下	又は	1億円以下
サービス業	100人以下	又は	5千万円以下
小売業	50人以下	又は	5千万円以下

の条件により確定給付企業年金制度へ引き継ぐこともできます。

3 掛金額は自由に選択

　会社の従業員は原則として全員加入する必要がありますが，掛金の額は16とおりの月額から従業員ごとに任意に決定することができます。

　中退共に新規加入する事業主に対しては，加入して4か月目から1年間の間，掛金月額の2分の1（上限5,000円）を国が助成します。

　掛金はいつでも増額することができ，18,000円以下の掛金月額を増額する事業主には，増額月から1年間，増額分の3分の1（10円未満の端数は，切捨て）を国が助成します。

表2　掛金月額の種類

5,000円	6,000円	7,000円	8,000円
9,000円	10,000円	12,000円	14,000円
16,000円	18,000円	20,000円	22,000円
24,000円	26,000円	28,000円	30,000円

4 過去勤務期間の通算が可能

　この制度に新たに加入する場合には，すでに1年以上勤務している従業員については加入前の勤務期間を通算することができます。通算できる過去勤務期間は10年が限度となっていて，その期間に応じた過去勤務掛金月額を本体の掛金とは別に納付することになります。

5 退職金額は2本建て

　退職金は，「基本退職金」と「付加退職金」を合計した金額になります。

　基本退職金は掛金月額と納付月数に応じて決められ，制度全体としての予定運用利回りは1％になっています。

　この予定運用利回りを実際の運用利回りが上回った場合には，付加退職金が

基本退職金に上積みされます。

退職金は基本的に全額一時払いですが，一定の条件を満たした場合には，全額分割払い又は一時払いと分割払いの併用のいずれかを選択することができます。

退職金は中退共本部から従業員名義の口座に直接振り込まれます。

6 適格年金からの移行

平成24年（2012年）3月末までは，中退共に加入していない会社は適格年金の資産を全額中退共に移換することができます。

中退共に資産を移行する場合には，適格年金の加入期間にわたってあたかも中退共に加入して掛金を納付していたものと考えます。つまり，適格年金からの引渡金額の範囲内で，加入申込時の掛金月額での納付月数を算定し，この分を中退共に納付したものとして通算します。この場合の納付月数は適格年金の加入者期間の月数を超えることができません。

引渡金額のうち掛金納付月数に換算できない額は，残余の額として加入後の期間に基づく利息をつけて退職金と同時に支払われます。

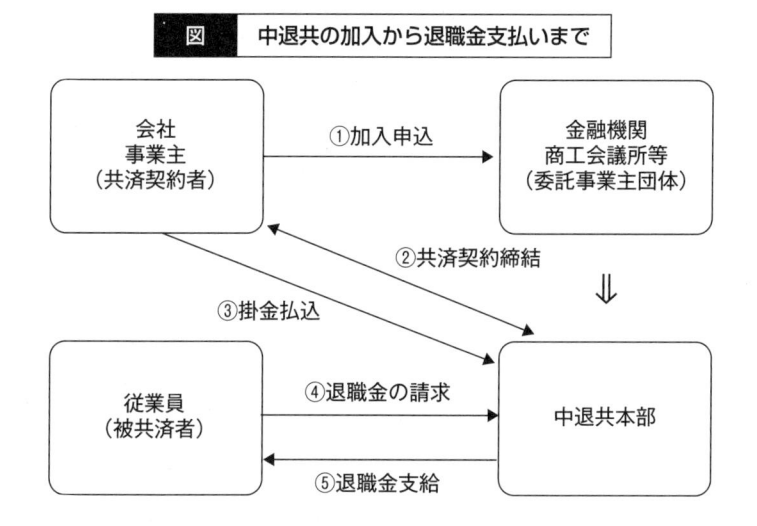

図　中退共の加入から退職金支払いまで

第2章 退職給付会計の構造と仕組み

Question 13

退職給付会計を適用すると貸借対照表にはいくら計上されることになりますか

Answer

貸借対照表には，決算日時点の会社が採用している退職給付制度の積立不足に相当する額が計上されることになります。基本的には，「退職給付債務」から「年金資産」の額を控除した額が負債として計上されます。「年金資産」の額が「退職給付債務」を超える場合にはその超える額が資産として計上されます。

解　説

1 「積立不足」が計上

　退職給付会計は，決算日において会社に発生している従業員等に対する退職給付の支払義務である退職給付債務と，これに関する年金資産等の積立不足の現状を明らかにして，会社の負担する退職給付に係る費用についての適正な会計処理を行うものです。

　そのため，貸借対照表には会社の退職給付制度における積立不足に相当する額が計上されることになります。

― 43 ―

2 積立不足と貸借対照表の関係

　給付建ての企業年金制度の積立不足にはいくつかの考え方がありますが，退職給付会計では，基本的に次の考え方をしています。

　　積立不足＝退職給付債務－年金資産の額

　積立不足に相当する額は，貸借対照表に負債として計上することになります。

図1　年金制度の積立不足と貸借対照表の関係

（貸借対照表）

資産	負債
	「退職給付引当金」
	純資産

年金資産	退職給付債務
積立不足	

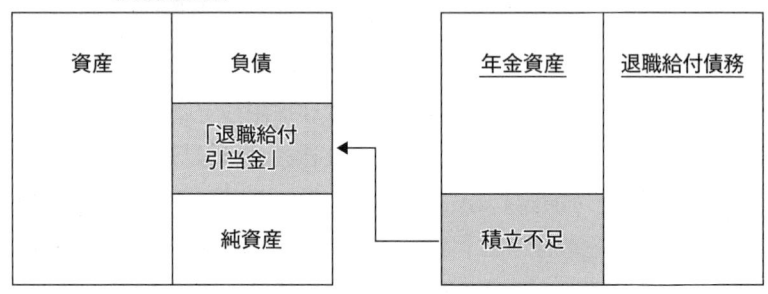

　退職一時金制度の場合には，通常は年金資産がありません。この場合には，退職給付債務の額がそのまま貸借対照表に計上されることになります。

図2　一時金制度の積立不足と貸借対照表の関係

（貸借対照表）

資産	負債
	「退職給付引当金」
	純資産

積立不足	退職給付債務

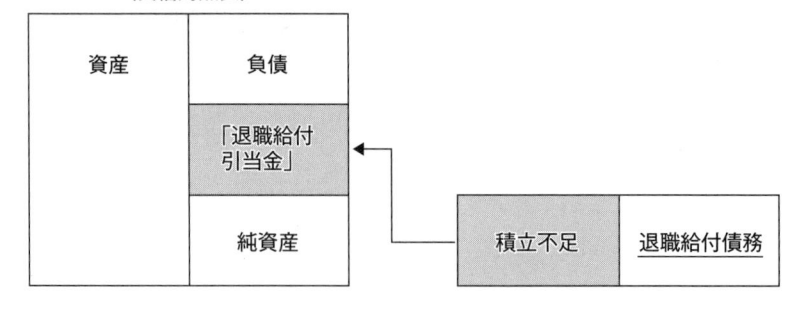

3 「積立超過」の場合は資産計上

一方，年金資産の額が退職給付債務よりも大きい場合には，積立超過の状態となりますので，貸借対照表に資産として計上します。

図3　積立超過と貸借対照表の関係

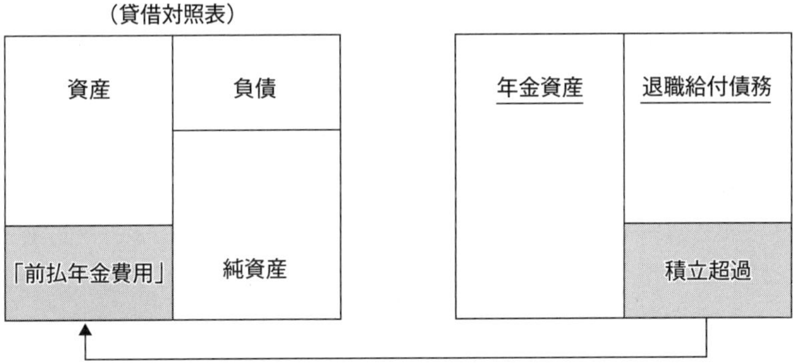

（貸借対照表）

資産	負債
「前払年金費用」	純資産

年金資産	退職給付債務
	積立超過

Q14

退職給付債務とはどのようなものですか。簡単に計算できるものですか

Answer

退職給付債務とは，将来的に支払われる退職金などの退職給付のうち，決算日までに発生しているものをいいます。数理計算という方法を用いて算出され，確率や統計の考え方や，割引計算などを用いて少し複雑な計算を行います。

―― 解 説 ――

1 退職給付債務とは

　退職給付債務は，退職により見込まれる退職給付の総額のうち，期末（決算日）までに発生していると認められる額を割り引いて計算したものです。

　「退職により見込まれる退職給付の総額」のことを「退職給付見込額」といいます。

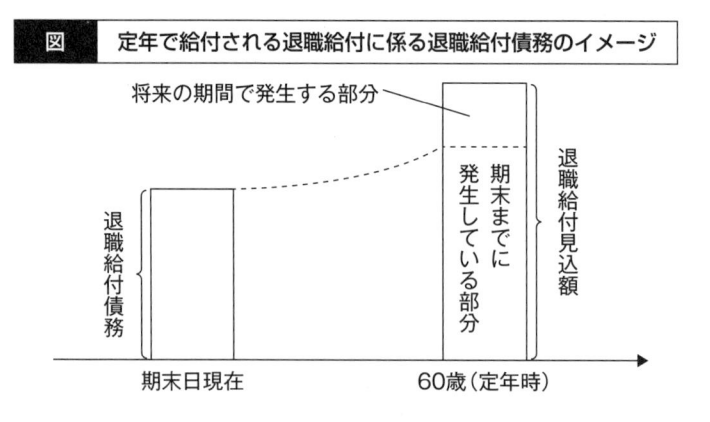

図　定年で給付される退職給付に係る退職給付債務のイメージ

2　原則として従業員ごとに計算

　事業主は，制度の加入者一人ひとりに対して，退職金規程や退職年金規約などに基づく支払義務を負っています。その支払義務を基礎にして決算日時点の退職給付債務を計算しますので，まずは退職給付債務を個々の従業員ごとに計算して，会社全体の退職給付債務を集計することになります。

　ただし，合理的な計算ができると認められる場合には，従業員を年齢や勤務年数，残存勤務期間などによってグルーピングして，そのグループの標準的な数値を用いて計算することができます。

3　数理計算により計算

　退職給付債務は退職年金規約などに基づいて計算しますので，年金数理計算や保険数理計算で用いられている計算手法を用いることになります。

　この計算手法は，確率や統計の考え方を援用した「数理計算」と呼ばれるもので，信託銀行や生命保険会社に所属する「年金数理人（アクチュアリー）」などの専門家に計算を委託するケースが多いようです。

4　退職給付債務の計算ステップ

　退職給付債務は原則として個々の従業員ごとに計算し，会社全体の金額を集計します。

　退職給付債務の計算は次のようなステップで段階を追って行うことになります。

① 昇給率を用いて予想退職時の退職給付額を予測する
② 退職確率や死亡確率を用いて退職給付見込額を計算する
③ 適切な期間配分方法を適用して，すでに発生していると認められる額を算定する
④ 割引率を用いて割引計算を行う

Q15 退職給付会計は損益にはどのように影響しますか

Answer

退職金の支払額と年金掛金の拠出額は損益には影響しません。数理計算や見積りに基づいた1年分の費用額が損益に計上されることになります。損益に計上される項目としては，勤務費用，利息費用，期待運用収益の額などがあります。

解　説

1 退職給付会計の費用項目

　退職給付会計は，一定の期間にわたり労働を提供したこと等の事由に基づいて退職後に従業員に支給される給付（退職給付）を発生主義に従い合理的な方法によって会計処理するものです。

　退職給付会計において当期純利益を構成する項目は次のものがあります。これらは「退職給付費用」という科目の内訳になります（図）。

① 勤務費用
② 利息費用
③ 期待運用収益
④ 数理計算上の差異に係る当期の費用処理額
⑤ 過去勤務債務に係る当期の費用処理額

2　勤務費用は当期に発生した退職給付債務

　一期間の労働の対価として発生したと認められる退職給付のことです。退職給付見込額のうち当期に発生したと認められる額を割り引いて計算します。

3　利息費用

　退職給付債務から発生する計算上の利息のことです。期首時点の退職給付債務は割引計算されていますので，期首から期末までの時の経過によって利息が発生したものと考えます。

　利息費用は，期首の退職給付債務に割引率を乗じて計算します。ただし，期中に退職給付債務の重要な変動があった場合には，変動後の退職給付債務を用いて利息費用を再計算することが合理的です。

4　期待運用収益

　利息費用が退職給付債務から発生する計算上の利息なら，年金資産から発生する計算上の収益が期待運用収益です。

　期首の年金資産の額に合理的に期待される収益率（期待運用収益率）を乗じて計算します。

5　数理計算上の差異に係る当期の費用処理額

　数理計算上の差異とは，退職給付会計独特の考え方によるもので，数理計算を行って予測値と実績値を用いるために次の三つの要因から生じた差異をいいます。

① 年金資産の期待運用収益と実際の運用成果との差異
② 退職給付債務の数理計算に用いた見積数値と実績との差異
③ 見積数値の変更等により発生した差異

これらの差異は，一定の期間内で毎期費用処理することになります。費用処理された後の残額である未償却の部分は「未認識数理計算上の差異」といいます。

6　過去勤務債務に係る当期の費用処理額

　退職金規程や退職年金規約などの改訂により退職給付水準が変更した場合には，退職給付債務が増加したり減少したりします。この退職給付債務の増減額として把握された部分を過去勤務債務といいます。

　過去勤務債務も数理計算上の差異と同様に，一定の期間内で毎期費用処理することになります。未償却の部分は「未認識過去勤務債務」といいます。

7　キャッシュの動きは損益には影響しない

　退職給付費用として把握される上記の項目は，いずれもキャッシュの動きとは基本的に無関係です。つまり，退職給付の支払いと年金の掛金拠出などキャッシュの動きは損益には影響しないことになります。

8　貸借対照表項目と損益項目の関係

　退職給付制度の積立状況，貸借対照表項目，損益項目の関係を図に示すと以下のようになります。

第２章　退職給付会計の構造と仕組み

| 図 | 積立状況，負債，退職給付費用の関係 |

退職給付費用の発生

- 勤務費用
- 利息費用
- 過去勤務債務の当期償却額
- 数理計算上の差異の当期償却額
- 期待運用収益額

→ 退職給付費用

引当金の増減

- 年金制度への掛金
- 退職一時金の支払い
- 退職給付引当金（期末）

- 退職給付引当金（期首）
- 退職給付費用

引当金の期末残高

- 年金資産の公正な評価額
- 未認識過去勤務債務
- 未認識数理計算上の差異
- 退職給付引当金（期末）

→ 退職給付債務

Q16 年間の作業はどのようになりますか

Answer

　数理計算は原則として期末又は期首に行うことになります。数理計算によって退職給付債務と勤務費用を算出します。年金資産も期末又は期首に時価を把握することになります。期中には期首に算出した金額をもとに1年間の費用額を見積もって計上することになります。

解　説
---

1 期中と期末（期首）にそれぞれ会計処理を行う

　退職給付会計では，原則として，期末（期首）にはその時点の積立状況の把握を行い，期中には退職給付費用の把握と掛金や給付の支払処理を行います。

　どちらかだけ行えばよいというものではなく，原則として必ず期中と期末（期首）に会計処理を行います。

2 期首に行うこと

　前期末は当期首にあたります。まず期首の積立状況を把握することから始まります。

① 期首の時価（公正な評価額）により年金資産の額を計算する
② 数理計算により退職給付債務を算出し把握する
③ ①と②により積立状況を把握し，貸借対照表に計上すべき金額を認識する

④ ②と同時に当期1年間の勤務費用を把握する

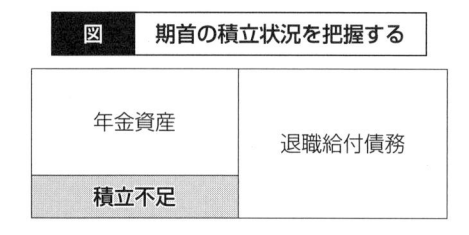

図	期首の積立状況を把握する
年金資産	退職給付債務
積立不足	

3 期中に行うこと

期首に把握した数値を基礎に期中の処理を行います。

① 年間の勤務費用を把握する……期首の数理計算の結果より
② 利息費用を計算する……期首の退職給付債務×割引率
③ 期待運用収益を計算する……期首の年金資産(時価)×期待運用収益率
④ 未認識項目の費用処理額，費用処理年数に係る会計方針を決定し，これに準拠した当期償却額を算定する
⑤ 上記①から④を退職給付費用として計上する
⑥ 企業年金制度への掛金拠出時には，拠出額を退職給付引当金から減額する
⑦ 退職一時金制度の場合には，退職給付の（退職金）支給額を退職給付引当金から減額する
⑧ 企業年金制度の場合には，退職給付の（退職年金など）支給額を把握する

4 未認識項目の費用処理年数に係る会計方針を決定する

数理計算上の差異と過去勤務費用は，一定の期間以内で費用処理する必要があります。この一定の期間は「平均残存勤務期間」と呼ばれており，予想される退職時から現在までの平均的な期間をいいます。

一定の期間以内での費用処理については，タイミングと期間そして費用処理方法などの方針をあらかじめ決めておく必要があります。

5 未認識項目の費用処理年数は3とおり

過去勤務債務と数理計算上の差異は，発生時に全額を費用処理する方法以外に「遅延認識」と呼ばれる処理方法が認められています。そのため，未認識項目の費用処理年数は次の三つから選択することになります。

① 発生時に一括費用処理
② 平均残存勤務期間以内の任意の年数での費用処理（遅延認識）
③ 平均残存勤務期間での費用処理（遅延認識）

これらの費用処理年数はいずれを採用しても問題はありませんが，いったん採用したものは継続して適用しなければなりません。

6 未認識項目の費用処理は定額法又は定率法

過去勤務債務と数理計算上の差異の費用処理方法は，定額法と定率法が認められています。

ただし，定率法の場合には，予定する費用処理年数以内で発生金額の90％が費用処理されるよう決定する必要があります。つまり，残存価額が10％の定率法ということになります。

7 期末に実施する作業

期末には，期首で行った作業と同様の作業を行います。ただし，一つ異なるのは，数理計算上の差異を把握する作業が加わることです。

① 期末の時価（公正な評価額）により年金資産の額を計算する
② 数理計算により退職給付債務を算出し把握する
③ ①と②により積立状況を把握し，貸借対照表に計上すべき金額を認識する
④ ②と同時に翌期1年間の勤務費用を把握する
⑤ 退職給付債務と年金資産について，見積りと実績を比較し数理計算上の差異を認識する

Question 17

退職給付債務と年金資産の動きはどうなりますか

Answer

退職給付債務は費用項目によって増加しキャッシュアウトによって減少します。

年金資産は費用項目によって増加しキャッシュアウトによって増加します。

解説

1 年間の退職給付債務と年金資産の動き

退職給付債務と年金資産の動きをそれぞれ図にすると次のとおりです。
期首，期中そして期末の作業から最終的には数理計算上の差異を把握します。
一時金制度の場合には，退職給付債務の動きだけになります。

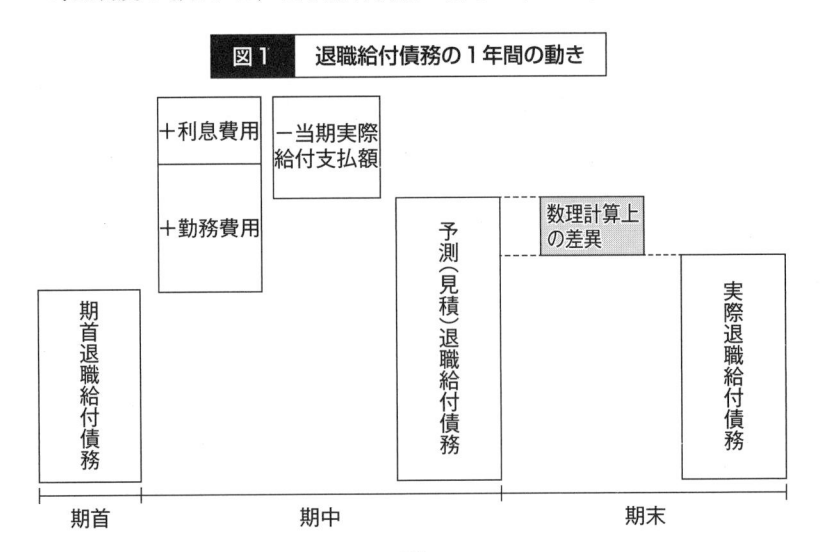

図1　退職給付債務の1年間の動き

期首退職給付債務 ＋利息費用 ＋勤務費用 －当期実際給付支払額 → 予測（見積）退職給付債務 → 数理計算上の差異 → 実際退職給付債務

期首　　期中　　期末

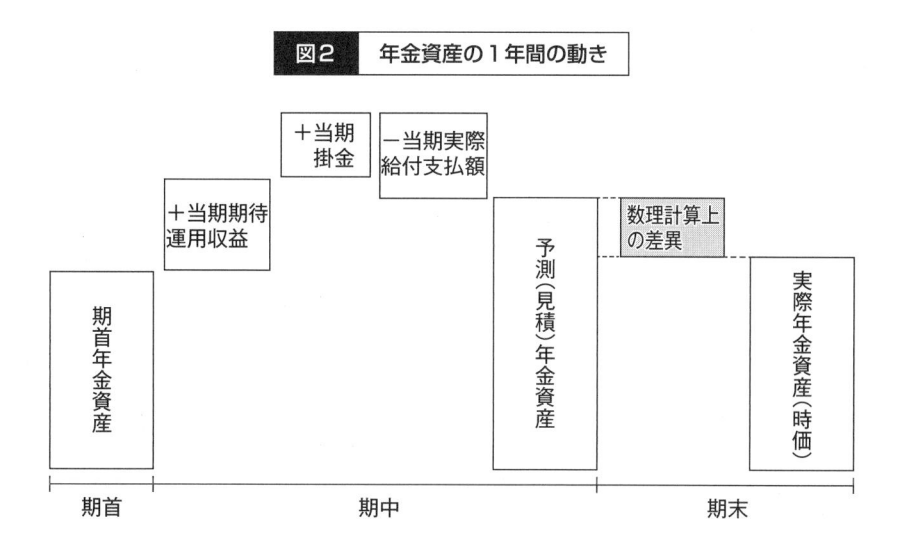

第2章　退職給付会計の構造と仕組み

図2　年金資産の1年間の動き

（期首）期首年金資産 →（期中）＋当期期待運用収益 ＋当期掛金 －当期実際給付支払額 → 予測（見積）年金資産 →（期末）数理計算上の差異／実際年金資産（時価）

2　企業年金への掛金は拠出のタイミングで処理

　拠出金は年金資産の原資となりますので年金資産を増加させます。年金資産が増加することによって会社の従業員に対する退職給付の支払義務を充足していくことになります。これは，年金資金の増加を通じて会社の債務が減少することを意味しますので，拠出のたびに退職給付引当金を減少させます。

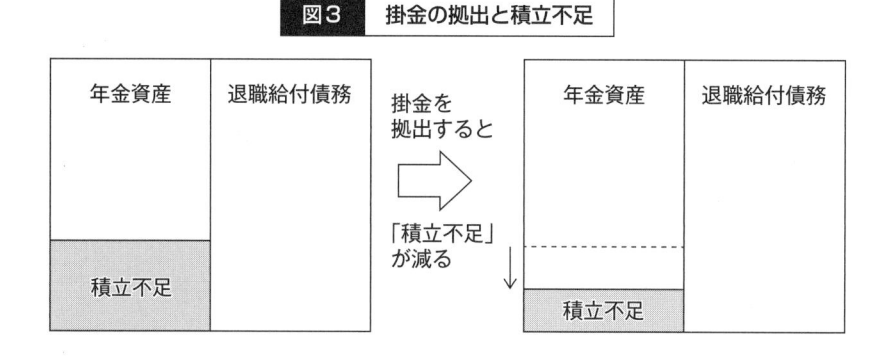

図3　掛金の拠出と積立不足

年金資産／退職給付債務（積立不足あり）　→　掛金を拠出すると「積立不足」が減る　→　年金資産／退職給付債務（積立不足が縮小）

【年金掛金の拠出】

| (借) 退 職 給 付 引 当 金　×××　　(貸) 現 金 及 び 預 金　××× |

⇒　掛金の拠出は損益に直接影響しない

3　退職一時金の給付は支払いのタイミングで処理

　退職一時金は退職金規程に基づいて会社内部の積立原資を退職金として支給するものですので，退職金の支給のタイミングと支給額は容易に把握できます。

　退職金を支給することによって会社の従業員への支払義務は解除されることになります。退職金の支払いは退職給付債務の減少を意味しますので，退職金の支払いがあった場合には，そのタイミングで退職給付引当金を減少させます。

図4　退職金の支払いと積立不足

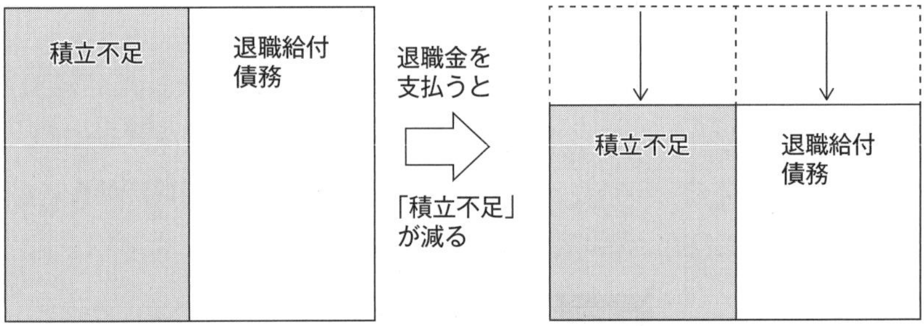

積立不足｜退職給付債務　→　退職金を支払うと「積立不足」が減る　→　積立不足｜退職給付債務

【退職一時金の支払い】

| (借) 退 職 給 付 引 当 金　×××　　(貸) 現 金 及 び 預 金　××× |

⇒　退職金の支払いは損益に直接影響しない

第2章　退職給付会計の構造と仕組み

4　企業年金の退職給付の支給時は仕訳なし

　企業年金制度では，企業外部の基金や金融機関が退職給付の支給等を管理していますので誰にいつ支給したのかを会社が適時に把握することは難しいかもしれません。その場合でも，月次など一定のタイミングで会社は支給報告を受けますので，この報告に基づいて退職給付の支給状況を把握します。

　退職一時金の支払いと同じように，退職給付を支払うことによって従業員に対する支払義務が減少しますので退職給付債務が減少します。同時に企業外部に積み立てていた年金資産も支給によって減少します。退職給付債務と年金資産が同額だけ同時に減少することになりますので，退職給付引当金は変動しません。そのため，企業年金において退職給付を支給する場合には仕訳は起こらないことになります。

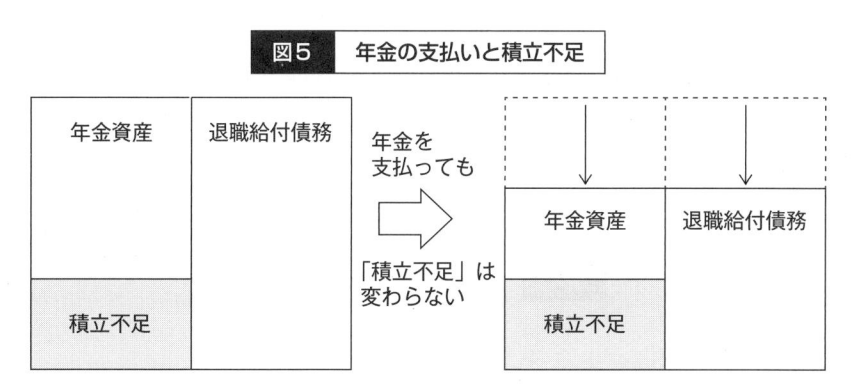

図5　年金の支払いと積立不足

年金資産	退職給付債務
積立不足	

年金を支払っても　⇒　「積立不足」は変わらない

年金資産	退職給付債務
積立不足	

　ただし，数理計算上の差異を把握するためには，退職給付の期首の状況に基づいて1年後の退職給付と年金資産の状況を見積もり，退職年金の支給額を把握することが必要になります。

Question 18

勤務費用はどのように計算しますか

Answer

数理計算によって計算します。考え方は退職給付債務と同じですが，勤務費用はその年度1年分の発生額だけになります。

―― 解　説 ――

1　退職給付債務の1年分が勤務費用

　退職給付債務は従業員ごとに計算することが原則です。従業員が会社に入社し退職給付制度に加入すると勤務費用と退職給付債務が発生します。

　勤務費用の考え方や計算の過程は退職給付債務と同じです。退職給付債務は「期末まで」に発生したものですが，勤務費用は「当期に」発生したものに限定されています。

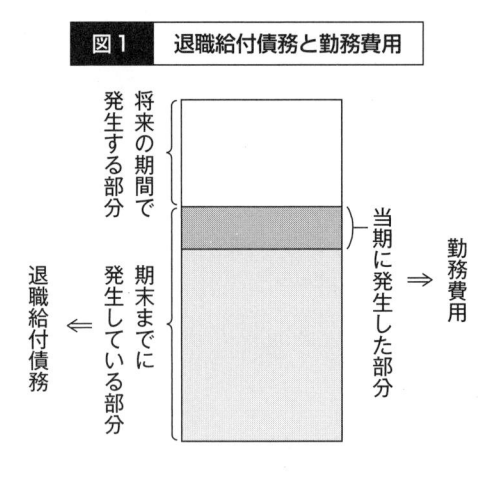

図1　退職給付債務と勤務費用

実務上，勤務費用は，期首時点において当期分を計算することになります。つまり，期末の退職給付債務を計算するタイミングで同時に翌期1年分の勤務費用を把握します。

　勤務費用は退職給付債務の1年分ですので，たとえば，入社1年目（加入1年目）には1年間の労働の対価に相当する勤務費用が発生し，その従業員の退職給付債務になります（図）。

　次の図のAの部分が1年目の勤務費用を示しています。

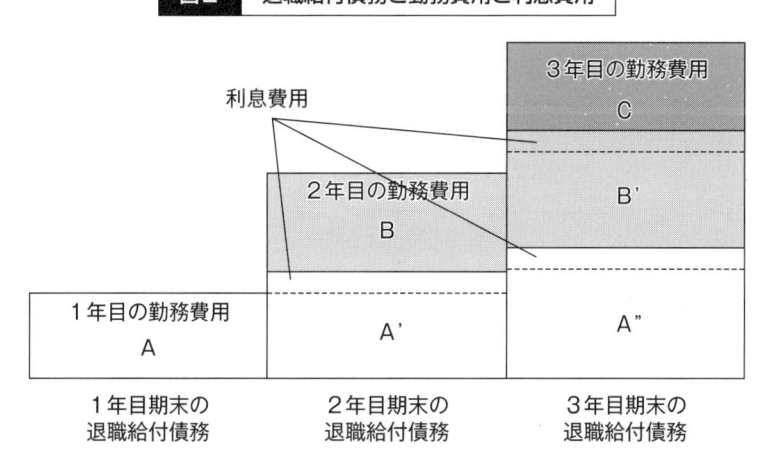

図2　退職給付債務と勤務費用と利息費用

	2年目の勤務費用 B	3年目の勤務費用 C
		B'
1年目の勤務費用 A	A'	A"
1年目期末の 退職給付債務	2年目期末の 退職給付債務	3年目期末の 退職給付債務

利息費用

2　入社（加入）2年目以降の退職給付債務と勤務費用

　2年目には次の1年の労働の対価として新たな勤務費用が発生します。これは図のBです。

　勤務費用と退職給付債務は予想退職時から割り引かれて計算されていますので，1年経過すると計算上の利息がつきます。これが利息費用です。

　1年目にAだった勤務費用は，1年後には1年分の利息が付加されA'になります。

その結果，A'とBを合計したものが2年目の期末の退職給付債務となります。同様に3年目にはA'とBに利息が付加されたものがA"とB'になり，これと3年目の勤務費用Cを合計したものが3年目の期末の退職給付債務になります。

Q19 利息費用はどのように計算しますか

Answer

期首の退職給付債務が，時の経過によって1年間でどれだけ増加するかを予測するもので，期首の退職給付債務の額に割引率を乗じた金額になります。

解説

1 期首の退職給付債務×割引率

利息費用は，期首の退職給付債務に割引率を乗じて計算します。ただし，期中に退職給付債務の重要な変動があった場合には，変動後の退職給付債務を用いて利息費用を再計算することが合理的です。

2 期中に退職給付債務が大きく増減した場合

通常は，期首の退職給付債務に割引率を乗じて1年間の利息費用をあらかじめ計算し，その後は利息費用を修正することはしません。

退職給付の水準を引き下げたり引き上げたりするなど期の途中で退職金規程等を大幅に改訂した場合には，退職給付債務が大きく変動することがあります。その場合には，利息費用を再計算することが合理的です。

3 退職給付債務が変動しても利息費用を再計算しないときの影響

たとえば，期中に退職給付水準を引き下げたために退職給付債務が減少した場合に，当初計算した利息費用をそのまま計上すると，過大に利息費用を計上

することになってしまいます。期末には退職給付債務の数理計算を行いますが，期中の利息費用の過大計上分は，数理計算上の差異として認識され，会社の会計方針に従って費用処理されることになります。

これを会計の考え方で整理すると，当期は退職給付費用が過大となり，過大となった分を翌期以降に調整していくという処理となってしまいます。

適正な期間損益計算の観点からは，期中に退職給付債務に重要な変動が生じた場合にはそれ以後の利息費用の計算を見直すことが合理的であると考えられます。

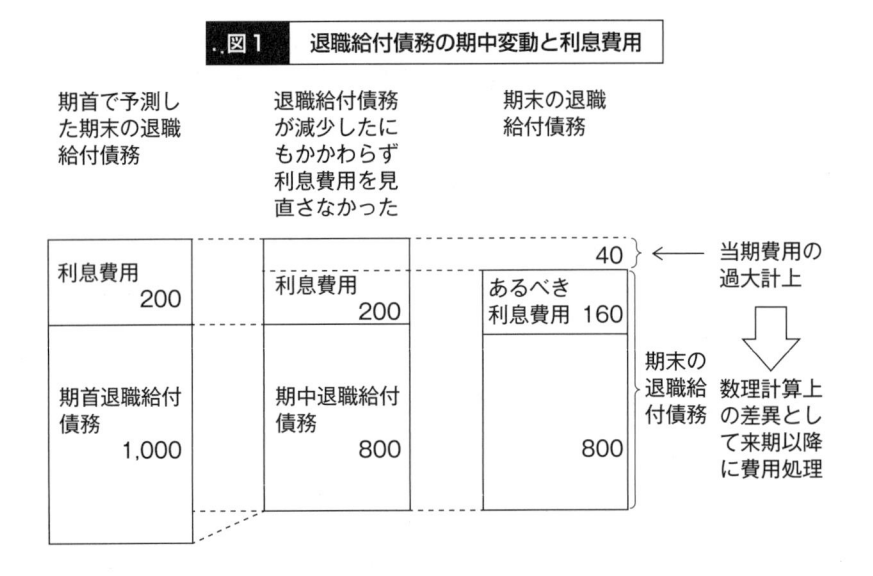

図1　退職給付債務の期中変動と利息費用

期首で予測した期末の退職給付債務	退職給付債務が減少したにもかかわらず利息費用を見直さなかった	期末の退職給付債務	
利息費用 200	利息費用 200	40　←	当期費用の過大計上
		あるべき利息費用 160	⬇
期首退職給付債務 1,000	期中退職給付債務 800	期末の退職給付債務 800	数理計算上の差異として来期以降に費用処理

4　利息費用は時間価値を反映した利息

利息費用が計上されるのは，退職給付債務が将来の予定退職時点から割り引いて計算されているためです。

たとえば，60歳定年で退職金を支払うという取決めをしている場合には，60歳に支払う見込みの退職金（退職給付見込額）を，合理的な配分方法により年々の退職給付見込額に按分します。そのうえで，当期までに発生している部

分を予定退職日（定年）から現在時点まで割引計算して退職給付債務を計算します。

図のAは1年目の勤務費用（退職給付債務）ですが，（A）から40年分割り引かれて計算されたものです。これが1年経過すると1年分の利用費用が加算されA'になります。A'は（A）から39年分割り引かれたものです。

このように，退職給付債務は割引計算されているために，時の経過に従って退職給付支給時までの期間にわたって利息費用が計上されていきます。

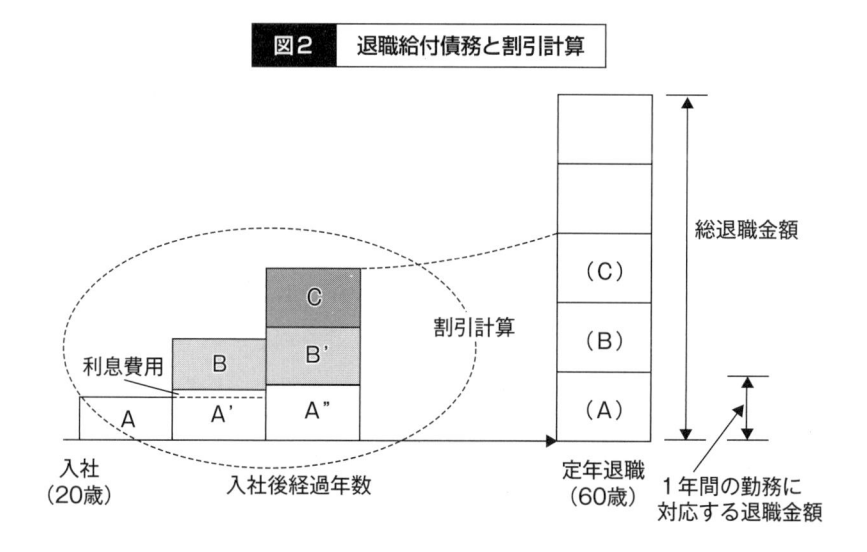

図2　退職給付債務と割引計算

Q20 期待運用収益とは何ですか

Answer

企業年金制度において、期首の年金資産が1年間の運用で増加すると見込まれる額を期待運用収益といいます。

―― 解 説 ――

1 期待運用収益の考え方

勤務費用や利息費用と同じく退職給付費用の一項目ですが、異なる点は「収益」であることです。過大に見積もると退職給付費用が過小となり、また、過小に見積もると退職給付費用が過大となります。そのために、期待運用収益の計算には合理的で相当程度信頼のおける根拠が必要になります。

図　期待運用収益と退職給付費用

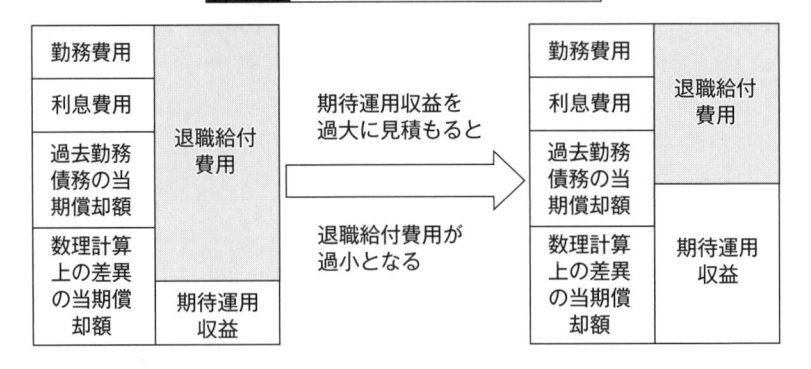

勤務費用	退職給付費用	期待運用収益を過大に見積もると	勤務費用	退職給付費用
利息費用			利息費用	
過去勤務債務の当期償却額		退職給付費用が過小となる	過去勤務債務の当期償却額	期待運用収益
数理計算上の差異の当期償却額	期待運用収益		数理計算上の差異の当期償却額	

2 「合理的に期待」される計算上の収益

　期待運用収益は，年金資産の運用により生じると合理的に期待される計算上の収益です。そして，期待運用収益は，期首の年金資産の額に合理的に期待される収益率を乗じて計算します。

　この「合理的に期待」される収益率のことを退職給付会計では「期待運用収益率」と呼んでいます。

3 期待運用収益とは

　退職給付制度の年金資産は，将来の退職給付の支払いに充てるために積み立てられるものであり，十分な運用収益を得るために長期的に運用されています。合理的に期待運用収益を計算するために，退職給付の支払いに充てられるまでの期間にわたる期待に基づくものである期待運用収益率を用いることになります。

4 期待運用収益率の決め方

　具体的にどのように期待運用収益率を決定するかは，次の点を考慮して決定します。

① 年金資産が退職給付の支払いに充てられるまでの時期
② 保有している年金資産のポートフォリオ
③ 過去の運用実績
④ 運用方針
⑤ 市場の動向

5 期中に年金資産に重要な変動があった場合

　期待運用収益は，期首の年金資産の額に期待運用収益率を乗じて計算することが原則ですが，期中に年金資産の重要な変動があった場合には，これを反映させることが合理的です。

　利息費用と同様に，期待運用収益も期首においてあらかじめ1年間の計上額を把握しますので，たとえば厚生年金の代行返上などにより年金資産の額が大幅に減額した場合にはその期の期待運用収益が過大となります。これは退職給付費用の過小となってしまうと同時に，期末の年金資産の予測値が過大となります。その影響は最終的に期末の年金資産の評価の際に数理計算上の差異として把握されて，過大となった部分は翌期以降において費用処理を通じて会計に反映されることになります。

　適正な期間損益計算の観点からは，期待収益が合理的な期待に基づく者である限り，年金資産に重要な変動があった場合には期待運用収益を見直すことが合理的です。

Q21 退職給付会計においても発生主義がとられているのですか

Answer

退職給付会計は「役務の提供」という労働の対価に基づいて認識することを求めています。そのため，当期までに発生しているものだけが退職給付債務となり，当期に発生するものが勤務費用になります。

─── 解　説 ───

1　退職給付会計は発生主義に基づく

発生主義は，会計における非常に重要な概念です。退職給付会計では基本的に費用や負債について取り決めていますので，それらが発生した期間に正しく割り当てられるように処理しなければなりません。

2　発生主義が求められる局面

* 退職給付債務は，退職給付のうち認識時点までに「発生」している部分を割り引いたもの
* 勤務費用は，1期間の労働の対価として「発生」した退職給付
* 利息費用は，割引計算により算定された期首時点における退職給付債務が期末までの時の経過により「発生」する計算上の利息
* 数理計算上の差異は，年金資産の期待運用収益と実際の運用成果との差異，退職給付債務の数理計算に用いた見積数値と実績との差異及び見積数値の変更等により「発生」した差異

＊ 過去勤務債務は，退職給付水準の改訂等に起因して「発生」した退職給付債務の増加又は減少部分

3 退職給付債務はいつ発生したと考えるか

　退職給付債務を割り引く前の退職給付見込額を発生した期に正しく割り当てる必要があります。この割当方法についても退職給付会計で考え方が決められており，原則として期間定額基準（退職給付見込額を全勤務期間で除した額を各期の発生額とする方法）によって退職給付債務を見積もることになります。

　ただし，例外的に給与基準や支給倍率基準，ポイント基準も一定の条件のもとで用いることができます。

　なお，ＩＦＲＳでは退職給付制度の給付算定式に従う方法が原則的に取り扱われ，わが国の基準の見直しにおいては以下の二つの方法のいずれかを選択し，継続して適用することとしています。

① 全勤務期間で除した額を各期の発生額とする方法（期間定額基準）
② 退職給付制度の給付算定式に従って各勤務期間に帰属させた額を，各期の発生額とする方法（給付算定式に従う方法）

Q22 退職給付会計では,どのような仕訳が生じますか

Answer

基本的には負債の計上と取崩しの仕訳になります。負債を計上するときは退職給付費用が相手勘定となり,負債を取り崩すときはキャッシュ項目が相手勘定になります。

― 解 説 ―

1 シンプルな仕訳

退職給付会計では数理計算などの複雑な計算や年金資産の時価評価を行いますが,仕訳自体は非常にシンプルです。

2 退職給付会計の基本的な仕訳

退職給付会計の仕訳は,基本的に以下の三つだけです。

【退職給付費用の発生】

| (借)退職給付費用 ××× | (貸)退職給付引当金 ××× |

「退職給付費用」
=「勤務費用」+「利息費用」+「数理計算上の差異の費用処理額」
　+「過去勤務債務の費用処理額」-「期待運用収益」

【年金掛金の拠出】

> (借)退職給付引当金　×××　　(貸)現金及び預金　×××

⇒　掛金の拠出は損益に直接影響しない

【退職一時金の支払い】

> (借)退職給付引当金　×××　　(貸)現金及び預金　×××

⇒　退職金の支払いは損益に直接影響しない

3　過去勤務債務と数理計算上の差異に関する取扱い

　退職給付会計では，数理計算を行うとともに退職給付費用を通じて期末の見積予測を行っているために数理計算上の差異が発生します。また，給付水準の改訂を原因として過去勤務債務が発生します。

　これらは未認識項目といわれており，その取扱いについてIFRSでは，様々な議論の末にわが国の現行の会計基準とは異なる考え方に基づく処理を取り決めていますが，わが国では Q16 の5でも触れました遅延認識と呼ばれる処理を従来から認めています。

4　遅延認識

　未認識項目を認識した場合には，発生時に一括費用処理する方法と遅延認識する方法とでは仕訳が異なります。

5　発生時に一括費用処理する場合

　この方法を採用している場合には，その全額を退職給付費用で処理します。

> (借)退職給付費用　×××　　(貸)退職給付引当金　×××

第2章 退職給付会計の構造と仕組み

6 平均残存勤務期間又はそれ以内での費用処理を選択している場合（遅延認識の考え方）

わが国の現行の基準では，遅延認識した未認識項目は会計上はオフバランスになります。そのため，期末時点での仕訳はなく，翌期以降のそれぞれの期において費用処理年数に応じた額を費用計上する仕訳が生じます。

【期末】　仕訳なし

【翌期以降】遅延認識による費用計上

（借）退職給付費用	×××	（貸）退職給付引当金	×××

7 今後のわが国会計基準の取扱い

ＩＦＲＳとのコンバージェンスを踏まえたわが国の会計基準の見直しでは，これまでオフバランスであった未認識項目は発生時に認識することになります。

認識された未認識項目は税効果を調整した後にその他の包括利益を通じて純資産の部に計上します。

その後の期間において，費用処理する際にはその他の包括利益の調整（組替調整）を行います。

【数理計算上の差異の費用処理①　期末の処理】

（借）退職給付に係る負債	×××	（貸）退職給付に係る調整額 　　　（その他の包括利益累計額）	×××
（借）退職給付に係る調整額 　　　（その他の包括利益累計額）	×××	（貸）繰延税金資産	×××

【数理計算上の差異の費用処理②　翌期以降の処理】

（借）退職給付に係る調整額	×××	（貸）退職給付費用	×××
（その他の包括利益）			
（借）法人税等調整額	×××	（貸）退職給付に係る調整額	×××
		（その他の包括利益）	

【期中で発生した過去勤務費用の処理　退職給付債務が増加した場合】

（借）退職給付費用（※）	×××	（貸）退職給付に係る負債	×××
退職給付に係る調整額	×××		
（その他の包括利益累計額）			
（借）繰延税金資産	×××	（貸）退職給付に係る調整額	×××
		（その他の包括利益累計額）	

（※）　期中で発生した過去勤務債務は発生した期から費用処理を開始します。

第2章 退職給付会計の構造と仕組み

Q23

退職金規程を改訂されるなど，将来の退職給付額が変動することになるとどのような影響がありますか

Answer

過去勤務債務が発生します。退職金規程が改訂され給付水準が変動すると退職給付債務の額が変動します。この変動額は過去勤務債務と呼ばれ一時又は一定の期間で費用として処理することになります。

――― 解　説 ―――

1　退職給付水準の変動による過去勤務債務の発生

　退職金規程等の改訂等を行いその結果として退職給付水準が変動すると，退職給付債務が増減します。この増減部分が過去勤務債務です。

2　「過去勤務債務」から「過去勤務費用」へ変更

　最初にわが国に退職給付会計が導入されて以来，わが国の基準では「過去勤務債務」という用語を使用してきましたが，ＩＦＲＳの動向も踏まえて「過去勤務費用」に変更されます。用語は若干変更されていますが，それが意味する概念はこれまでと変更はありません。

3　なぜ「過去勤務」なのか

　退職給付水準の変更が将来の勤務期間に係る部分に影響しても，退職給付債務は期末までに発生したものについてのみ認識するので，将来の部分は含まれません。そのため，「過去勤務」と呼ばれています。

図　過去勤務債務

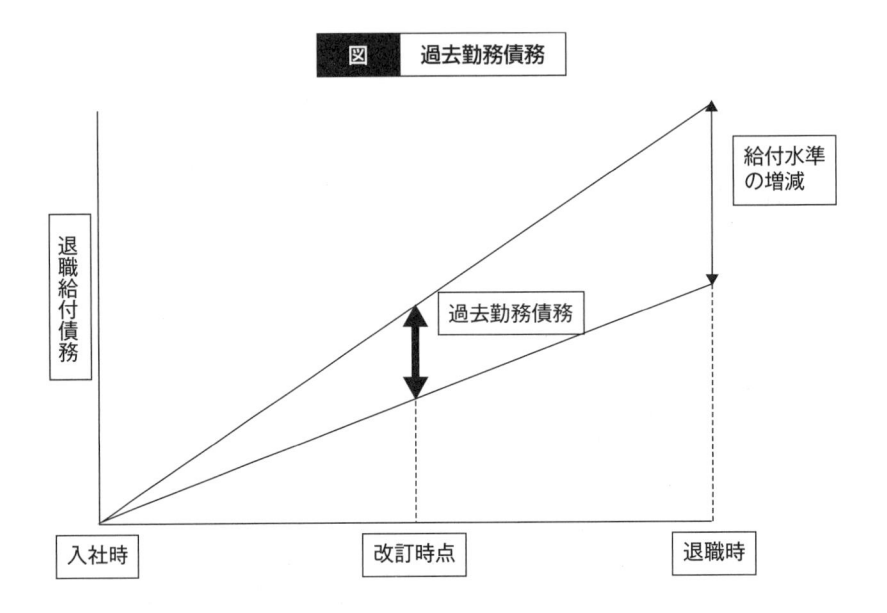

```
退職給付債務
                                          給付水準
                                          の増減
              過去勤務債務

入社時      改訂時点         退職時
```

4　年金財政計算上の「過去勤務債務等」と混同しない

　企業年金の年金財政計算においては「過去勤務債務等」という用語が用いられます。

　この過去勤務債務等は，年金財政計算上の数理債務から年金資産を控除したもので，年金財政計算上の「積立不足」を意味しています。この積立不足を解消するために行われるのが特別掛金（第2拠出金）の拠出です。用語は似ていますが，概念は全く異なるものですので注意が必要です。

　年金財政計算の過去勤務債務等には，年金資産が予定利率どおりに運用されなかった場合の「利差損」や，昇給・退職・新規加入などが数理上の仮定と相違することによる「昇給差」・「退職差」・「新規加入差」なども含まれています。これらは，退職給付会計においては数理計算上の差異として取り扱われています。

第2章 退職給付会計の構造と仕組み

Q24 過去勤務債務はどの時点で認識しますか

Answer

退職金規程等を改訂した期において認識します。たとえば決算日に改訂されれば過去勤務債務はその時点で認識され、費用処理が開始されます。

― 解　説 ―

1 認識のタイミングは「改訂」のとき

過去勤務債務は退職金規程の改訂等によって発生します。数理計算上の差異が期末に認識されるのと違って、改訂等は期中においても行われます。したがって、期末であろうが期中であろうが給付水準の改訂という事実が発生したタイミングで過去勤務債務を認識します。

2 改訂日の属する期から費用処理を開始

改訂の事実が発生したタイミングで過去勤務債務は認識され、費用処理を開始します。改訂が期の途中の場合には、改訂日から期末までの月数等に応じた額を当期に費用処理します。

3 退職給付水準の変更による従業員の勤労意欲への影響

過去勤務債務が発生する要因である給付水準の改訂等は、従業員の勤労意欲が将来にわたって向上するとの期待のもとに行われる面があります。そのため、改訂等によって発生する過去勤務債務は、将来にわたって平均残存勤務期間以内の期間で費用処理することになっています。

4 給付水準の改訂等とは

　給付額そのものを変更する場合以外にも，支給開始時期を変更する場合や年金の給付利率を改訂する場合にも退職給付債務は変動します。これらの変動はすべて過去勤務債務として認識します。

　一方，ベースアップによって退職給付債務が変動する場合には，この変動額は過去勤務債務でなく，数理計算上の差異として認識します。ベースアップは退職給付制度の仕組みそのものではなく，退職給付の基礎となる給与の変更だからです。

Q25 「改訂日」とは，何を指しますか

Answer

改訂日は新しい退職給付の規程などの改訂が従業員等に周知徹底された日を指します。

―― 解 説 ――

1 改訂日とは

　改訂日とは，労使合意の結果，退職金規程や年金規約の変更が決定され，従業員等に周知徹底された日をいいます。一方，施行日とは，改訂された規程や規約の運用が開始される日です。

　たとえば，3月決算の会社で改訂された退職金規定が4月1日に施行される場合でも，過去勤務債務の認識は施行日の4月1日ではなく改訂日に行われ，費用処理を開始します。

2 期末に改訂された場合には期末に認識

　期末日に改訂が行われた場合には，新しい規程の適用が翌期以降であったとしても退職給付債務の計算は新規程を反映して算定するとともに過去勤務債務を認識することが合理的です。

　この場合には，会社の方針に従った費用処理と過去勤務債務の発生原因となった改訂等の事実についても注記することに留意が必要です。

Q26 過去勤務債務の費用処理について，その他の留意点を教えてください

Answer
費用処理を変更する場合や計上する科目に注意が必要です。

1 費用処理方法の変更には「合理的な理由」が必要

　一度採用した費用処理方法を変更する場合には，変更にあたっての「合理的な理由」が必要です。しかしながら，大量退職等や企業再編など会社の環境の激変を除き，通常は「合理的な理由」は見出しがたいといわれています。

　これらの取扱いは数理計算上の差異においても同様です。

2 過去勤務債務の費用処理額は営業費用に計上

　過去勤務債務の費用処理額は退職給付費用の構成要素ですので，原則として営業費用（売上原価又は販売費）及び一般管理費に計上します。

　ただし，新たに退職給付制度を採用したとき又は給付水準の重要な改訂を行ったときに発生する過去勤務債務を発生時に全額費用処理する場合に，その金額が重要であると認められるときには，当該金額を特別損益として計上することができます。

表　過去勤務債務の費用処理科目

営業費用	原則
特別損益	発生時に全額費用処理＋金額が重要

3 退職従業員に係る過去勤務債務の費用処理

　過去勤務債務は，未認識項目として3とおり（ Q16 ）の費用処理方法のうちから継続して一つを採用することになっていますが，退職従業員に係る過去勤務債務については他の過去勤務債務と区分して発生時に全額を費用処理することができます。

　これは，すでに退職している従業員は将来の勤務が前提でないために，勤労意欲が将来にわたって向上すると期待されるために認められている遅延認識を適用することがふさわしくないと考えられるからです。

4 複数の退職給付制度がある場合の費用処理年数

　複数の退職給付制度がある場合で制度ごとに加入者の構成が異なる場合には，制度ごとに個別に費用処理年数を設定することも可能です。

Q27 数理計算上の差異はなぜ発生するのですか

Answer

　数理計算上の差異は，退職給付債務と年金資産から発生します。それらは将来の退職給付や積立状況を予測するために，昇給率や退職率等の様々な基礎率を合理的に見積もって計算されますが，現実には当初設定した基礎率どおりにはいきません。その結果，見積りと実績に差異が生じます。この差異が，数理計算上の差異です。

解　説

1　数理計算上の差異の三つの発生要因

　退職給付会計では，様々な基礎率を使用した数理計算や見積計算を行います。そのために実績との差異がどうしても発生してしまいます。この数理計算上の差異は次の三つの要因から生じます。

① 年金資産の期待運用収益と実際の運用成果との差異
② 退職給付債務の数理計算に用いた見積数値と実績との差異
③ 見積数値の変更等により発生した差異

　退職給付会計で用いられる基礎率には，割引率，期待運用収益率，退職率，死亡率，予想昇給率等があります。これらの基礎率の見積りに誤りがなかったならば，また，これらを変更しなければ数理計算上の差異は発生しません。
　つまり，見積りに使用した基礎率どおりの実績とならなかった場合や，前回

の数理計算で使用した基礎率から変更した場合に，数理計算上の差異は発生します。

2　年金資産から発生する数理計算上の差異

　退職給付会計では年金資産は期末の時価で評価します。その一方で，合理的に期待される収益率（期待運用収益率）を用いて1年後の年金資産を予測し（見積もり）ます。1年後の見積年金資産の額は次の式で表されます。

【1年後の予測（見積）年金資産の額】
　予測(見積)年金資産額＝期首年金資産時価＋期待運用収益＋掛金拠出額
　－実際年金給付額

　この予測（見積）年金資産額と期末の年金資産時価の差異が，数理計算上の差異になります。

【数理計算上の差異】
　数理計算上の差異＝期末年金資産時価－予測(見積)年金資産額

　期待運用収益は，期首年金資産時価×期待運用収益率です。期待運用収益率は退職給付会計の重要な基礎率です。会社はこれを合理的に見積もって期待運用収益を見積もりますので，この見積りが実際の年金資産の運用実績と乖離した場合に，数理計算上の差異が発生します。
　図に表すと，Q16 で使用した【図2　年金資産の1年間の動き】のとおりになります。

3　退職給付債務の計算から発生する数理計算上の差異

　退職給付債務及び勤務費用の計算は数理計算によって行われ，数理計算は昇給率や退職率など様々な基礎率を合理的に見積もって行われます。数理計算に

使用した基礎率が予想どおりとならなかった場合に数理計算上の差異が発生します。

【1年後の予測（見積）退職給付債務】
　予測（見積）退職給付債務＝期首退職給付債務＋勤務費用＋利息費用
　－実際給付額

　この予測（見積）退職給付債務と期末の実際退職給付債務の差異が，数理計算上の差異になります。

【数理計算上の差異】
　数理計算上の差異＝期末実際退職給付債務－予測（見積）退職給付債務

　基礎率には過去の実績に基づいた退職率や死亡率等を用いていますので，これに基づく予測が，実際の退職や死亡による退職金等の実際給付などとの間に差異が生じる可能性があります。そのため，数理計算上の差異が生じます。

4　基礎率の変更から発生する数理計算上の差異

　期首（前期末）の退職給付債務の数理計算で使用した基礎率が期末で変更されることもよくあります。
　たとえば，予想昇給率も1年後には変動するかもしれません。長期の債券等をベースに決定した割引率も市場利回りが変動すれば変更する必要があります。期待運用収益を計算するための期待運用収益率も毎期見直す必要があります。退職率にしても同様です。
　このように，数理計算で使用した基礎率は，原則として毎期見直す必要があるため，この変動によっても数理計算上の差異が発生することになります。
　退職給付債務の見積りと実績から生じる数理計算上の差異の関係については，Q17 の【図1　退職給付債務の1年間の動き】のとおりになります。

Q28 「遅延認識」とは何ですか

Answer

退職給付会計においては，過去勤務債務と数理計算上の差異は，発生時から一定の期間内で費用処理することを認めています。これは「遅延認識」と呼ばれています。

── 解　説 ──

1　遅延認識とは

遅延認識とは，当期に発生した費用を当期だけで認識するのではなく，当期以後の期間にわたって費用処理することをいいます。

わが国の退職給付会計では，過去勤務債務と数理計算上の差異の未認識項目の費用処理にいわゆる遅延認識を認めています（ Q16 ）。

2　遅延認識と未認識項目

すでに退職給付債務や年金資産として残高を構成しているものを，一時に認識しないで，一定の期間内で毎期規則的に費用及び負債を認識していくことが遅延認識です。

遅延認識を採用することによって，未だ費用化されていない部分，つまり認識されていない残高が会計上存在することになります。これは「未認識項目」と呼ばれています。

3 退職給付引当金と未認識項目

わが国の退職給付会計に関する基準では，負債に計上される退職給付引当金に未認識項目を加減しています。

図1のように，未認識項目には，退職給付引当金から控除されて引当金を減少させる場合と，退職給付引当金に加算されて引当金を増加させる場合がありました。これらは遅延認識によって将来的にはそれぞれ退職給付引当金を増加又は減少させるものです。

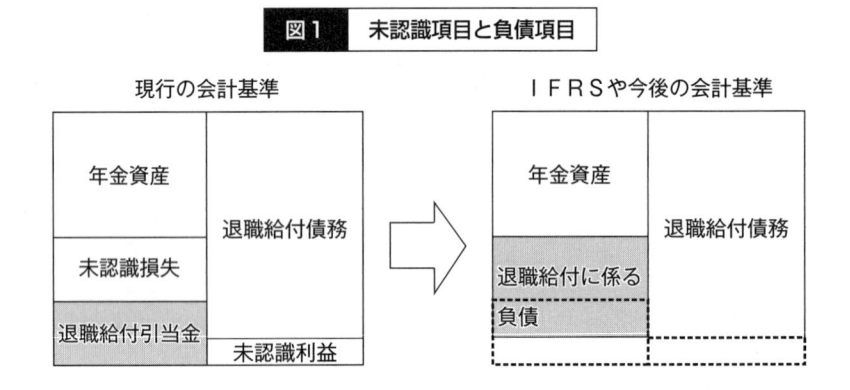

図1　未認識項目と負債項目

現行の会計基準

年金資産	退職給付債務
未認識損失	
退職給付引当金	未認識利益

IFRSや今後の会計基準

| 年金資産 | 退職給付債務 |
| 退職給付に係る負債 | |

4 未認識項目の問題点

未認識項目をオフバランスのまま遅延認識を行うと，年金制度に積立不足がある状態にもかかわらず貸借対照表では資産超過に見えたり，逆に積立超過である状態にもかかわらず貸借対照表では積立不足に見えたりするという問題がありました。

IFRSとの調和を図りながらこの問題点について解消すべく，わが国では退職給付に関する会計基準等の改正を行っています。

第2章　退職給付会計の構造と仕組み

図2　未認識項目と貸借対照表

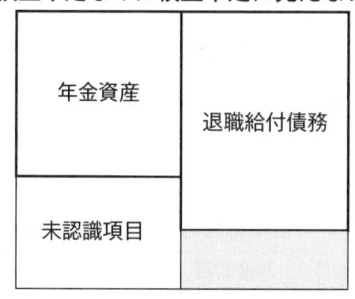

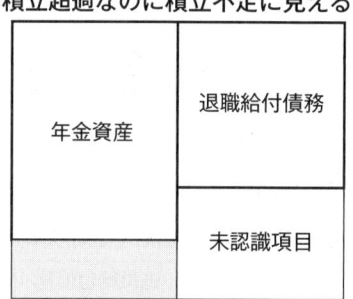

積立不足なのに積立不足に見えない　　積立超過なのに積立不足に見える

（年金資産／退職給付債務／未認識項目の図）

5　「退職給付に係る負債」と未認識項目

　現在改訂中の基準では過去勤務債務や数理計算上の差異が当期に発生した場合，そのうち費用処理されない部分については，これまでの取扱いを変更し，退職給付に係る負債（従来の退職給付引当金）として認識するとともに，その他の包括利益（退職給付に係る調整額）に含めて計上します。

　現行では未認識項目を費用処理するタイミングで負債として認識していましたが，未認識項目が発生したら直ちに負債として認識します。

　これによって，年金制度の積立状況がそのまま貸借対照表に反映されることになります。

6　未認識項目の遅延認識は変わらない

　積立状況を貸借対照表に反映する問題は解決されますが，認識された未認識項目はその他の包括利益で計上され，それ以後はその他の包括利益で調整されることになります。

　具体的には，未認識数理計算上の差異と未認識過去勤務費用は，税効果を調整したうえでその他の包括利益を通じて純資産の部に計上されます。

　その後は，未認識の残高について会社の方針に基づいて一定の期間内で費用

― 87 ―

処理され，その他の包括利益の組替調整を行います。

　つまり，費用処理に関する遅延認識は従来どおりに行うということになっています（仕訳については Q23 を参照）。

図3　未認識項目を貸借対照表で即時認識

退職給付債務100，年金資産60，
未認識数理計算上の差異30，実効税率40％，
繰延税金資産の回収可能性あり

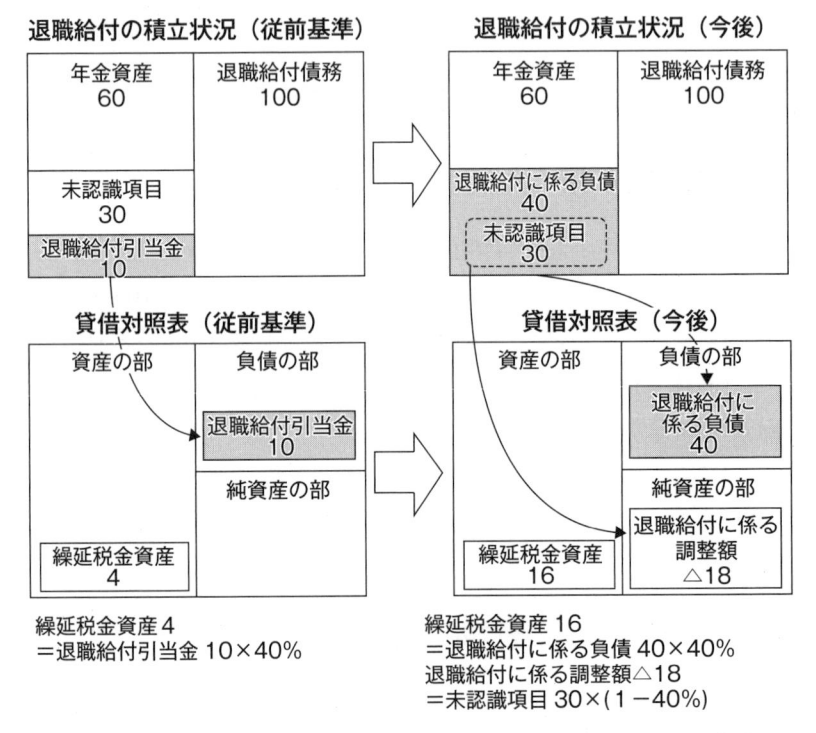

退職給付の積立状況（従前基準）

年金資産 60	退職給付債務 100
未認識項目 30	
退職給付引当金 10	

退職給付の積立状況（今後）

年金資産 60	退職給付債務 100
退職給付に係る負債 40	
未認識項目 30	

貸借対照表（従前基準）

資産の部	負債の部
	退職給付引当金 10
	純資産の部
繰延税金資産 4	

貸借対照表（今後）

資産の部	負債の部
	退職給付に係る負債 40
	純資産の部
繰延税金資産 16	退職給付に係る調整額 △18

繰延税金資産4
＝退職給付引当金10×40％

繰延税金資産16
＝退職給付に係る負債40×40％
退職給付に係る調整額△18
＝未認識項目30×（1－40％）

※　未認識項目を貸借対照表上で即時認識した場合には，退職給付に係る負債が従前に比べて大きくなっています。一方で，即時認識された未認識項目は純資産の部に計上され，一時的に純資産の額に影響を与えます。

第2章 退職給付会計の構造と仕組み

Q29

退職給付債務と引当金の1年間の動きは，どのように会計処理されますか

Answer

設例を作りましたので参考にしてください。

解 説

【前提条件】

【償却方法・償却年数に係る前提】
　過去勤務債務，数理計算上の差異は，従業員の平均残存勤務期間（10年）で定額法により償却
　数理計算上の差異は発生した期の翌期から償却開始

期首現在の状況

退職給付債務　1,000
年金資産　900

図1　期首現在の積立状況

年金資産 900	退職給付債務 1,000
退職給付引当金 100	

― 89 ―

×1年度の状況

1年間の勤務費用　1,200（年金数理計算による）
利息費用　30（期首退職給付債務1,000×3％）……割引率3％
年金制度に対する年度中の掛金拠出額　1,000
期首の年金資産に対する期待運用収益　27（期首年金資産900×3％）
期中退職者に対する年金制度からの給付支払　100
期末において退職給付制度の改訂が行われた。
　改訂前の退職給付債務　2,000（数理計算）
　改訂後の退職給付債務　2,300（数理計算）
期末年金資産の実際残高（時価）　1,800

	×1期首	勤務費用	利息費用	期待運用収益	償却	制度からの給付	掛金	見積	数理計算上の差異の発生	実際改訂前	過去勤務債務の発生	実際改訂後
退職給付債務	(1,000)	(1,200)	(30)			100		(2,130)	130	(2,000)	(300)	(2,300)
年金資産	900			27		(100)	1,000	1,827	(27)	1,800		1,800
超過額(不足額)	(100)	(1,200)	(30)	27	−	−	1,000	(303)	103	(200)	(300)	(500)
未認識数理計算上の差異	−							−	(103)	(103)		(103)
未認識過去勤務債務	−							−			300	300
退職給付引当金	(100)	(1,200)	(30)	27	−	−	1,000	(303)	−	(303)	−	(303)

※（　）は貸方項目

1　「見積」退職給付の計算

まず，退職給付債務の見積値（予測値）を求めます。

期首退職給付債務	1,000
勤務費用	1,200
利息費用	30
給付額	△100
予測(見積)退職給付債務	2,130

2 退職給付債務の数理計算上の差異の把握

期末に退職給付債務の数理計算結果の実際値と見積値を比較して数理計算上の差異の発生を把握します。

数理計算上の差異＝実際退職給付債務2,000－見積退職給付債務2,130
　　　　　　　＝△130

退職給付債務の実際値は予測値よりも少なかったので，発生した数理計算上の差異は退職給付債務の減額分になります。この減額分は退職給付引当金がその分減少することになり，遅延認識のため費用処理期間にわたって引当金を徐々に減少していくことになります。

3 過去勤務債務の把握

期末において退職給付制度の改訂が行われていますので，改訂前の退職給付債務と改訂後の退職給付債務を比較して発生した過去勤務債務を把握します。

過去勤務債務＝改訂後退職給付債務2,300－改訂前退職給付債務2,000
　　　　　　＝300

退職給付制度を改訂して退職給付債務が増えました。これは会社の負担である支払義務が会計上増加されたことを意味しています。この増加分は退職給付引当金をその分増加させることになり，遅延認識のために費用処理期間にわたって徐々に退職給付引当金を増加させていくことになります。

4　年金資産の計算

年金資産についても期末の見積年金資産額を計算します。

期首年金資産	900
期待運用収益	27
制度からの給付	△100
掛金拠出額	1,000
予測(見積)年金資産	1,827

5　年金資産の数理計算上の差異の把握

年金資産の期末の時価を入手して年金資産の実際値と見積値を比較して，数理計算上の差異を把握します。

数理計算上の差異＝実際年金資産1,800－見積年金資産1,827＝△27

実際の年金資産は見積りよりも少なかったので年金資産額を減少します。これは退職給付引当金をその分増加させることになります。実際には遅延認識によって費用処理年数にわたって徐々に引当金を増加させることになります。

6　退職給付引当金の動き

退職給付引当金は，見積値で確定しています。退職給付債務と年金資産の実績値を計算しても退職給付引当金には影響を与えていません。これは，その影響が数理計算上の差異と過去勤務債務となって遅延認識しているためです。もし，遅延認識しないで把握した際に即時にそれらを認識するならば，退職給付引当金は数理計算上の差異と過去勤務債務の分だけ増減することになります。

第２章 退職給付会計の構造と仕組み

図２ 第１年度末の積立状況

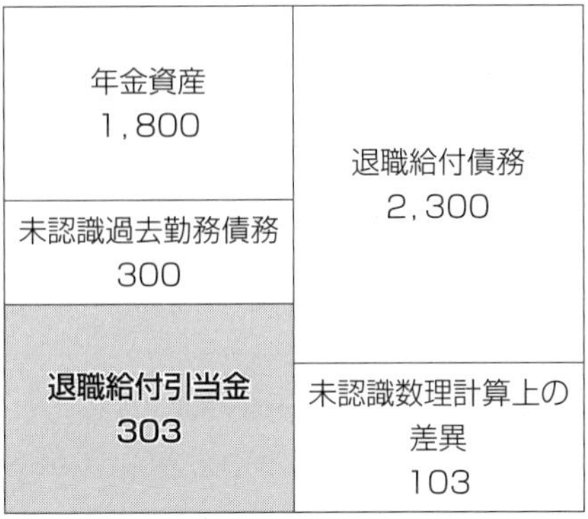

```
年金資産
1,800                    退職給付債務
                         2,300
未認識過去勤務債務
300

退職給付引当金           未認識数理計算上の
303                      差異
                         103
```

7 仕　　訳

　以上の１年間の動きを仕訳に表しています。仕訳自体はシンプルなもので，退職給付引当金が増えるか減るかを示していることがわかります。

【勤務費用の計上】

| （借）退職給付費用　　1,200 | （貸）退職給付引当金　　1,200 |

【利息費用の計上】

| （借）退職給付費用　　　　30 | （貸）退職給付引当金　　　　30 |

【期待運用収益の計上】

| （借）退職給付引当金　　　27 | （貸）退職給付費用　　　　　27 |

【掛金の拠出】

| （借）退職給付引当金　　1,000 | （貸）現預金（年金掛金）　1,000 |

— 93 —

8 翌年度の費用処理

×1年度に把握した過去勤務債務と数理計算上の差異は翌年度にどのように費用処理されるのかを確認するためにもう1年度設例の条件を伸ばしてみました。

×2年度の状況

> 勤務費用　1,300（年金数理計算による）
> 利息費用　69（期首退職給付債務2,300×3％）……割引率3％
> 期末退職給付債務　3,300
> 年金制度に対する年度中の掛金拠出額　1,100
> 期首の年金資産に対する期待運用収益　54（期首年金資産1,800×3％）
> 期中退職者に対する年金制度からの給付支払　110
> 期末年金資産の実際残高（時価）　2,800
> 数理計算上の差異の当期償却額　10　（103÷10年）
> 過去勤務債務の当期償却額　30　（300÷10年）

	×2期首	勤務費用	利息費用	期待運用収益	償却	制度からの給付	掛金	見積	数理計算上の差異の発生	過去勤務債務の発生	実際
退職給付債務	(2,300)	(1,300)	(69)			110		(3,559)	259		(3,300)
年金資産	1,800			54		(110)	1,100	2,844	(44)		2,800
超過額(不足額)	(500)	(1,300)	(69)	54	―	―	1,100	(715)	215	―	(500)
未認識数理計算上の差異	(103)				10			(93)	(215)		(308)
未認識過去勤務債務	300				(30)			270			270
退職給付引当金	(303)	(1,300)	(69)	54	(20)	―	1,100	(538)	―	―	(538)

※（　）は貸方項目

過去勤務債務と数理計算上の差異は費用処理年数（10年）にわたり費用処理します。これらは費用処理年数を通じて徐々に退職給付引当金を増減します。

期中の仕訳と×2年度末の積立状況は以下のとおりです。

第2章　退職給付会計の構造と仕組み

【勤務費用の計上】

| （借）退職給付費用　1,300 | （貸）退職給付引当金　1,300 |

【利息費用の計上】

| （借）退職給付費用　69 | （貸）退職給付引当金　69 |

【期待運用収益の計上】

| （借）退職給付引当金　54 | （貸）退職給付費用　54 |

【未認識数理計算上の差異の償却】

| （借）退職給付引当金　10 | （貸）退職給付費用　10 |

【未認識過去勤務債務の償却】

| （借）退職給付費用　30 | （貸）退職給付引当金　30 |

【掛金の拠出】

| （借）退職給付引当金　1,100 | （貸）現預金（年金掛金）　1,100 |

図3　第2年度末の積立状況

年金資産 2,800	退職給付引当金 3,300
未認識過去勤務債務 270	
退職給付引当金 538	未認識数理計算上の差異 308

- 95 -

第3章 退職給付債務と基礎率

Q30

退職給付の計算には基礎率が重要であると聞きますが，基礎率とは何ですか

Answer

退職給付債務を算出する際の重要な要素です。基礎率には，割引率や期待運用収益率，退職率，死亡率などがあります。

解説

　基礎率とは，退職給付債務等の数理計算において必要となる各種の予測数値をいいます。具体的には次のものがあります。

① 割引率
② 退職率
③ 死亡率
④ 予定昇給率
⑤ 一時金選択率
⑥ 期待運用収益率

1 割引率

　退職給付債務を計算するために使用するもので，退職給付見込額のうち期末までに発生していると認められる額を現在価値に割引計算するときに用いる率のことです。

　割引率は，安全性の高い長期の債券の利回りを基礎として決定します。

　「安全性の高い長期の債券」とは，長期の国債や政府機関債，優良社債を指し，優良社債は，たとえば，複数の格付機関からダブルＡ格相当以上の格付けをされている社債などが考えられます。

　ここでいう「長期」とは，退職給付の見込支払日までの平均期間のことです。企業年金制度がある場合には平均年金支給期間も加味することになります。ただ，実務上は従業員の平均残存勤務期間に近似した年数にすることもできることになっています。

2 退職率

　在職する従業員が自己都合や定年等で生存退職する年齢ごとの発生率をいいます。たとえば，会社の過去のデータから50歳の従業員が期首時点で100人いる場合に，期末で95人になっていれば，退職率は５％ということになります。

　退職率は，過去の実績に基づいて合理的に算定し，在職する従業員が将来どのような割合で退職していくのかを推計する際に使用します。

3 死亡率

　死亡率は，従業員の在職中及び退職後における年齢ごとの死亡発生率のことをいいます。

　死亡率の算定は，企業ごとではなくて，所在国での全人口の生命統計表をもとに合理的に算定します。

4 予定昇給率

それぞれの年齢での退職給付額を計算するために，各企業における給与規程や平均給与の実態分布，過去の昇給実績等に基づいて，合理的に推定して予定昇給率を算定します。

予定昇給率等には，勤務期間や職能資格制度に基づく「ポイント」により算定する場合が含まれます。

また，予定昇給率は個別企業ごとに算定することが原則ですが，連合型厚生年金基金制度等において給与規程及び平均給与の実態等が類似する企業集団に属する場合には，その集団の予定昇給率を用いることもできます。

5 一時金選択率

年金制度では，多くの場合，年金での退職給付の支給に代えて，一時金による給付も認めています。年金制度の場合で，退職後の年金給付を一時金で受け取ることを選択したものの割合が一時金選択率です。

一時金の選択給付を設けている年金制度では，一時金選択率も基礎率と同様に扱われます。

6 期待運用収益率

期待運用収益は，年金資産額の運用によって生じると合理的に期待される収益のことで，期首の年金資産額に対する比率を期待運用収益率といいます。

期待運用収益率は，次の要素を考慮して，通常は期首時点で決定します。

① 年金資産のポートフォリオ
② 過去の運用実績
③ 将来の運用方針
④ 市場の動向　等

Q31

退職給付債務はどのように計算しますか

Answer

将来の年齢ごとの退職金の見込額とその発生確率，割引計算などを使用した数理計算によって，四つのステップで計算します。

― 解　説 ―

1　退職給付債務の計算の考え方

　退職給付債務は，事業主が退職金規程等に基づいて制度の加入者に対して負っている支払義務を合理的な方法に基づいて会計上認識，測定したものです。

　退職給付引当金を貸借対照表にいくら計上すべきかを測定するためには，退職給付債務の計算を正しく行うことが非常に重要になります。

　退職給付債務の計算手法である数理計算は非常に複雑ですので，実務上は年金数理人（アクチュアリー）などの専門家に計算委託することが多いのですが，基礎率などを変更した場合の影響などを知るためにも計算の考え方を知っておくことが重要です。

　退職給付債務の考え方については，Q14 で説明しましたが，ここでは具体的な計算方法について説明します。

2　退職給付債務の計算ステップ

　退職給付債務の計算は，次の四つのステップで行います。これらを理解するために簡単な設例を用いて説明します。

① 昇給率を用いて予想退職時の退職給付額を予測する
② 退職確率や死亡確率を用いて退職給付見込額を計算する
③ 適切な期間配分方法を適用して，すでに発生していると認められる額を算定する
④ 割引率を用いて割引計算を行う

【前提条件】
① Aさんは現在58歳
② 会社に入社して3年経過（60歳定年時には5年勤務）
③ 会社の退職給付制度は一時金制度のみ
④ 現在の給与は50万円。以後60歳まで増減なし
⑤ 退職金の支給額は，以下のとおり
　(ア) 58歳自己都合…退職時給与月額の10倍
　(イ) 59歳自己都合…退職時給与月額の15倍
　(ウ) 60歳定年時……退職時給与月額の20倍
⑥ 退職率は，59歳…30%　　60歳…100%
⑦ 死亡率については無視する
⑧ 期間配分方法は，期間定額基準による
⑨ 割引率は3%とする

3 退職給付債務は会社の支払義務

　退職給付債務は，加入者に対して負っている会社の支払義務です。ですから，Aさんが60歳定年を迎える直前に会社が負うことになる支払義務は最大で1,000万円（50万円の20倍）になります。
　では，Aさんが59歳のときに会社が負っている支払義務はいくらでしょうか？　答えは750万円（50万円の15倍）です。
　これらの考え方を前提に具体的に退職給付債務の計算をみていきます。

4 退職給付債務の計算例

① 昇給率を用いて予想退職時の退職給付額を予測する

先の設例の前提では，容易に算定できます。

58歳時…500万円（退職時給与50万円×10倍）
59歳時…750万円（退職時給与50万円×15倍）
60歳定年時…1,000万円（退職時給与50万円×20倍）

② 退職確率や死亡確率を用いて退職給付見込額を計算する

この会社の従業員の退職率は，設例によれば59歳では30％，60歳では定年ですから100％です。これに基づいてAさんにとっての退職確率を計算します。

59歳で退職する確率は23％，60歳の定年退職する確率は77％になります（合計で100％）。つまり，58歳のAさんは，59歳までに23％の確率で退職し，60歳の定年を迎える確率は77％になるということです（この例では死亡率は無視していますので死亡確率は計算しません）。

退職年齢	58歳	59歳	60歳	合計
退職率	—	30％	100％	130％
退職確率	—	23％	77％	100％

退職確率23％＝30％÷（30％＋100％）
退職確率77％＝100％÷（30％＋100％）

①の予想退職時の退職給付額と退職確率を使用して，退職給付見込額を計算します。

予想退職時の年齢	予想退職時の見積給与	生存退職支給倍率	生存退職金見積額	退職確率	退職給付見込額
	ⅰ	ⅱ	ⅲ＝ⅰ×ⅱ	ⅳ	ⅴ＝ⅲ×ⅳ
58歳	50万円	10倍	500万円	—	—
59歳	50万円	15倍	750万円	23％	173万円
60歳	50万円	20倍	1,000万円	77％	770万円
			合　計	100％	943万円

第3章　退職給付債務と基礎率

58歳である現時点では退職すれば500万円もらえるのですが，現時点では退職しない選択をしているので退職給付見込額はゼロになります。

59歳で退職すれば750万円支給されますが，会社の過去の実績から計算される退職確率は23％なので，この年齢での退職給付見込額は173万円です。

定年の60歳では満額1,000万円の支給ですが，やはり退職確率は77％のため退職給付見込額は770万円です。

その結果，58歳のAさんが将来支給されると期待される退職給付（退職給付見込額）の総額は943万円になります。

③　適切な期間配分方法を適用して，すでに発生していると認められる額を算定する

Aさんは58歳で勤続3年，60歳定年で勤続5年です。期間定額基準を用いて計算しますので，勤続年数をベースにしてすでに発生している部分の額を計算します。

予想退職時の年齢	退職給付見込額	退職時の勤続年数	期首時点の勤務年数	期首までに発生していると認められる額
	v＝ⅲ×ⅳ	ⅵ	ⅶ	ⅷ＝v×ⅶ／ⅵ
58歳	－	3	3	－
59歳	173万円	4	3	130万円
60歳	770万円	5	3	462万円
	943万円			

58歳時点で将来支給されると期待される退職給付見込額のうち，これまでの勤続年数に応じた部分だけ，つまり3年分だけが発生していると認められます。

④　割引率を用いて割引計算を行う

59歳及び60歳はそれぞれ現在時点からすると1年後及び2年後ですので，その期間に応じて割引計算を行い，現在時点の金額にします。

予想退職時の年齢	期首までに発生していると認められる額	残存勤務期間	割引係数	割引計算された金額
	ⅷ＝ⅴ×ⅶ／ⅵ			
58歳	－	0年	1.00000	－
59歳	130万円	1年	0.97087	126万円
60歳	462万円	2年	0.94260	435万円
			退職給付債務	561万円

　これまでの計算結果から，58歳時点のAさんの退職給付債務は561万円となります。

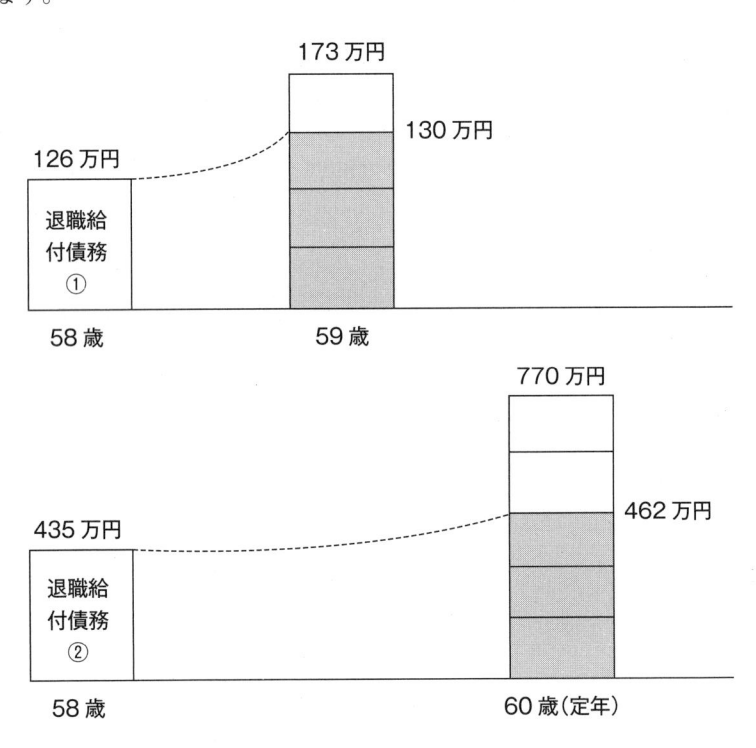

Q32

企業年金制度を採用している場合には，退職一時金制度と比べて退職給付債務計算にどのような影響がありますか

Answer

一般に，退職給付制度に年金制度を採用している場合には，退職時に一時金で給付を受ける場合に比べ，年金で給付を受ける場合に退職給付債務が大きくなる傾向があります。

解　説

企業年金制度を採用している場合には，退職一時金制度と比べると，退職後に給付が複数回生じるという特徴があります。

1　年金制度は退職以後に給付が複数回発生

退職一時金制度では通常は定年時に一時に退職金の給付が行われ会社の支払義務は終了しますが，企業年金制度では退職後において年金規約で定められた期間にわたり定期的に退職年金の給付を受けます。

2　年金制度では退職後の給付が退職給付債務に影響

退職一時金制度では，たとえば60歳定年時に退職一時金によって給付が完了しますので，退職給付債務の計算には定年までの昇給率，退職率，死亡率が影響を与えますが，それ以降の期間における影響はありません。

一方，年金制度では，定年以後においても給付が発生するため，退職後の死亡率や給付利率など定年以後の状況が退職給付債務の計算に影響を与えることになります。

なお，給付利率とは企業年金制度において年金給付額の算定に用いられる利

率をいいます。通常は，定年時点の退職一時金を原資として年金を運用しながら分割支給する際に付与される利率になります。

3 制度設計パターンと年金給付発生の仕方の理解

企業年金制度の退職給付債務の計算は，将来にわたる年金額を定年による退職時点にまとめて一時金として受領した場合の金額（年金現価額）をもとに行います。そのため，まずは年金設計のパターンを理解することが重要になります。

代表的な年金設計パターンには次のものがあります。

① 確定年金
② 有期年金
③ 終身年金
④ 保障期間付終身年金

4 確定年金

確定年金は，受給者の生死にかかわらず，あらかじめ定められた一定期間に支払われる年金です。したがって，その期間内に死亡した場合でも，もらうはずであった残りの給付額が死亡一時金として給付されます。

定年時の一時金給付額を原資として，これに給付利率という利息が付与されて年金給付されます。

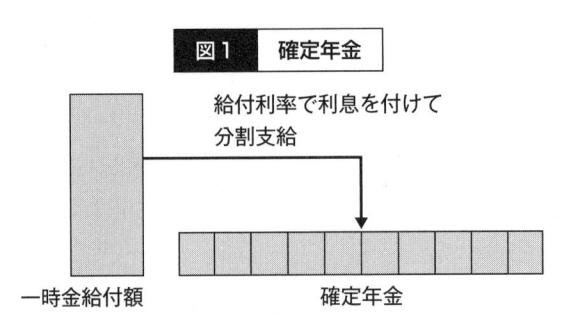

図1 確定年金

給付利率で利息を付けて分割支給

一時金給付額　　確定年金

確定年金は，適格退職年金制度で多く見られ，確定給付企業年金制度でも採用されています。

5 有期年金

有期年金は，あらかじめ定められた一定期間に限定して，生存している限り支払われる年金です。生存が条件となっていますので，原則として，死亡一時金はありません。

生存していれば確定年金と同じなのですが，期間の途中で死亡すると有期年金は支給がそこでストップする点が異なります。

表　確定年金と有期年金

	期間中生存	期間中死亡
確定年金	全額支給	全額支給
有期年金	全額支給	**支給停止**

6 終身年金

終身年金は，厚生年金基金制度の基本部分でよく見られる設計で，受給者が生存している限り支払われる年金です。

年金額の設定や退職給付見積額の算定にあたっては，将来の死亡の発生確率を推計する必要が生じます。

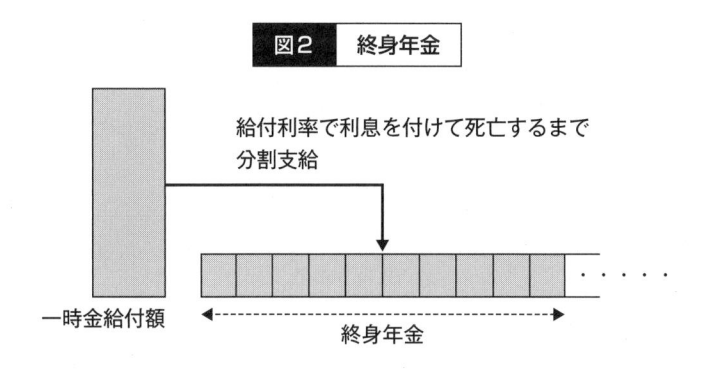

図2　終身年金

7　保障期間付終身年金

厚生年金基金制度の加算部分はこの設計が多く見られます。

保証期間付終身年金は，支給開始後の一定期間は確定年金が支払われますが，その後は終身年金が支払われる年金です。確定年金と同様に一時金給付額が保障期間の給付の原資となりますが，終身年金部分については事業主の追加負担となることが一般的です。

図3　保障期間付終身年金

給付利率で利息を付けて保障期間を経て死亡するまで分割支給

一時金給付額　　保障期間　　終身年金

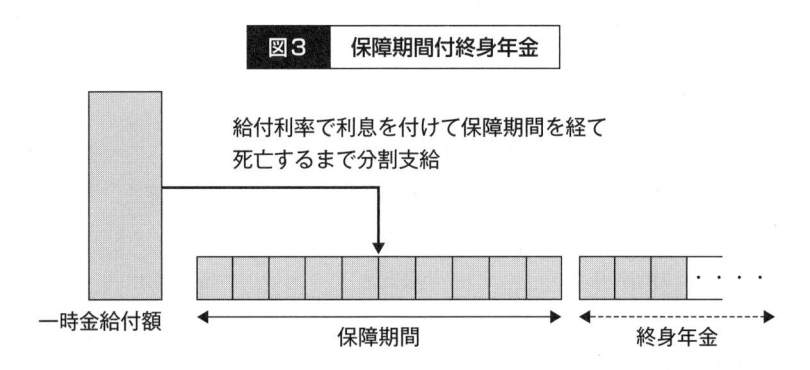

8　退職給付債務の計算に与える影響のポイント

企業年金制度が退職一時金制度と比べて特徴的なのは，定年以後の期間に給付が行われることです。この特徴が退職給付債務の計算に影響を与えるポイントは二つです。

① 給付利率が割引率より大きいか
② 保証期間（確定期間）だけか，終身部分があるか

確定年金を採用している場合に，給付利率が割引率より大きい場合には，退職給付債務の計算において60歳定年時の退職給付見込額が一時金に比べて大きくなることになります。

また，終身年金を採用している場合又は保証期間付終身年金を採用している

第3章 退職給付債務と基礎率

場合には，終身年金部分については通常会社負担となりますので，死亡率の影響によって一時金給付額を年金給付額が超えてしまう場合には，給付利率の影響以外にも退職給付債務を増加させる要因となります。

図4 給付利率が割引率より大きい場合

①「割引率＜給付利率」による増加分

年々の支給額を「割引率」で割引

一時金給付額　年金現価額　確定年金

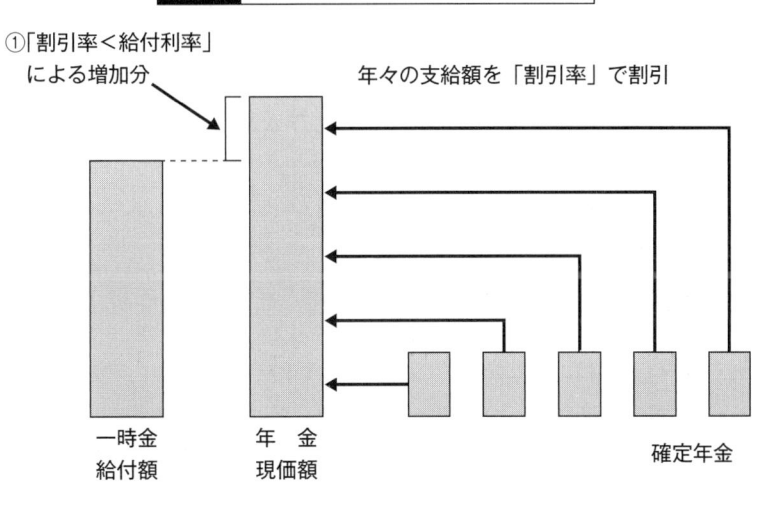

図5 保障期間付終身年金を割引計算した場合

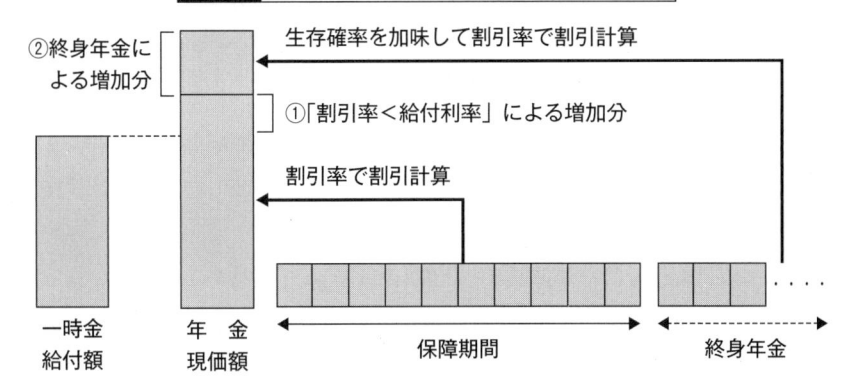

②終身年金による増加分

生存確率を加味して割引率で割引計算

①「割引率＜給付利率」による増加分

割引率で割引計算

一時金給付額　年金現価額　保障期間　終身年金

Question 33
割引率は毎年変更しなければいけませんか

Answer
割引率は期末の国債や優良債権の利回りをベースに決定しますが，これは原則として毎期見直すことが求められています。

―― 解説 ――

1 割引率は毎期見直す必要がある

割引率は期末における安全性の高い債券の利回りを基礎として決定されます。その後は各事業年度において割引率を再検討しなければいけません。

その結果，割引率の変動が退職給付債務に重要な影響を及ぼすと判断した場合には，割引率を見直して，退職給付債務を再計算する必要があります。

ということは，割引率が変動しても，退職給付債務に重要な影響を及ぼさない場合には，割引率を見直す必要はないということになります。

2 「重要な影響」の判断基準

「重要な影響」の有無の判断にあたっては，前期末に用いた割引率により算定した場合の退職給付債務と，当期末の割引率により計算した退職給付債務とを比較します。

当期末の退職給付債務が前期末と比較して10％以上変動すると推定されるときには，重要な影響を及ぼすものとして，当期末の割引率を用いて退職給付債務を再計算しなければなりません。

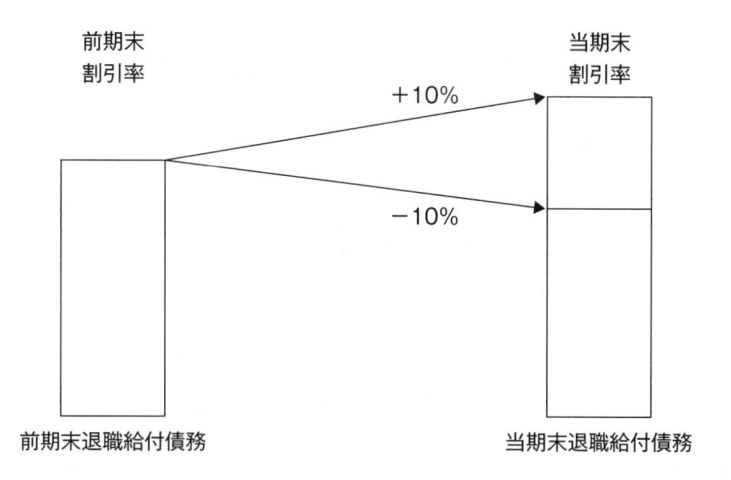

```
        前期末                    当期末
        割引率                    割引率
                    ＋10%
                  ─────────→ ┌─────┐
        ┌─────┐              │     │
        │     │              │     │
        │     │ ─────────→   ├─────┤
        │     │    －10%      │     │
        │     │              │     │
        │     │              └─────┘
        │     │
        └─────┘
    前期末退職給付債務          当期末退職給付債務
```

　「退職給付会計に関する実務指針」では,「期末において割引率の変更を必要としない範囲」として資料を提示していますので,これを参考にするとよいでしょう。

表 期末において割引率の変更を必要としない範囲

		期首割引率										
		2.0%	2.5%	3.0%	3.5%	4.0%	4.5%	5.0%	5.5%	6.0%	6.5%	7.0%
平均残存勤務期間	10年	1.1~3.0	1.6~3.5	2.1~4.0	2.6~4.5	3.1~5.1	3.6~5.6	4.1~6.1	4.5~6.6	5.0~7.1	5.5~7.6	6.0~8.1
	11	1.2~2.9	1.7~3.4	2.2~3.9	2.7~4.4	3.2~5.0	3.6~5.5	4.1~6.0	4.6~6.5	5.1~7.0	5.6~7.5	6.1~8.0
	12	1.2~2.8	1.7~3.4	2.2~3.9	2.7~4.4	3.2~4.9	3.7~5.4	4.2~5.9	4.7~6.4	5.2~6.9	5.7~7.4	6.2~7.9
	13	1.3~2.8	1.8~3.3	2.3~3.8	2.8~4.3	3.3~4.8	3.8~5.3	4.3~5.8	4.8~6.3	5.3~6.8	5.8~7.3	6.3~7.8
	14	1.4~2.7	1.9~3.2	2.4~3.7	2.8~4.2	3.3~4.7	3.8~5.2	4.3~5.7	4.8~6.2	5.3~6.8	5.8~7.3	6.3~7.8
	15	1.4~2.7	1.9~3.2	2.4~3.7	2.9~4.2	3.4~4.7	3.9~5.2	4.4~5.7	4.9~6.2	5.4~6.7	5.9~7.2	6.4~7.7
	16	1.4~2.6	1.9~3.1	2.4~3.6	2.9~4.1	3.4~4.6	3.9~5.1	4.4~5.6	4.9~6.1	5.4~6.7	5.9~7.2	6.4~7.7
	17	1.5~2.6	2.0~3.1	2.5~3.6	3.0~4.1	3.5~4.6	4.0~5.1	4.5~5.6	5.0~6.1	5.5~6.6	6.0~7.1	6.5~7.6
	18	1.5~2.5	2.0~3.1	2.5~3.6	3.0~4.1	3.5~4.6	4.0~5.1	4.5~5.6	5.0~6.1	5.5~6.6	6.0~7.1	6.5~7.6
	19	1.5~2.5	2.0~3.0	2.5~3.5	3.0~4.0	3.5~4.5	4.0~5.0	4.5~5.5	5.0~6.0	5.5~6.5	6.0~7.0	6.5~7.5
	20	1.6~2.5	2.1~3.0	2.6~3.5	3.1~4.0	3.6~4.5	4.1~5.0	4.6~5.5	5.0~6.0	5.5~6.5	6.0~7.0	6.5~7.5
	21	1.6~2.5	2.1~3.0	2.6~3.5	3.1~4.0	3.6~4.5	4.1~5.0	4.6~5.5	5.1~6.0	5.6~6.5	6.1~7.0	6.6~7.5
	22	1.6~2.4	2.1~2.9	2.6~3.4	3.1~3.9	3.6~4.4	4.1~5.0	4.6~5.5	5.1~6.0	5.6~6.5	6.1~7.0	6.6~7.5
	23	1.6~2.4	2.1~2.9	2.6~3.4	3.1~3.9	3.6~4.4	4.1~4.9	4.6~5.4	5.1~5.9	5.6~6.4	6.1~6.9	6.6~7.4
	24	1.6~2.4	2.1~2.9	2.6~3.4	3.1~3.9	3.6~4.4	4.1~4.9	4.6~5.4	5.1~5.9	5.6~6.4	6.1~6.9	6.6~7.4
	25	1.7~2.4	2.2~2.9	2.7~3.4	3.2~3.9	3.7~4.4	4.2~4.9	4.7~5.4	5.1~5.9	5.6~6.4	6.1~6.9	6.6~7.4
	26	1.7~2.4	2.2~2.9	2.7~3.4	3.2~3.9	3.7~4.4	4.2~4.9	4.7~5.4	5.2~5.9	5.7~6.4	6.2~6.9	6.7~7.4
	27	1.7~2.3	2.2~2.9	2.7~3.4	3.2~3.9	3.7~4.4	4.2~4.8	4.7~5.4	5.2~5.9	5.7~6.4	6.2~6.9	6.7~7.4
	28	1.7~2.3	2.2~2.8	2.7~3.3	3.2~3.8	3.7~4.3	4.2~4.8	4.7~5.3	5.2~5.8	5.7~6.3	6.2~6.9	6.7~7.4
	29	1.7~2.3	2.2~2.8	2.7~3.3	3.2~3.8	3.7~4.3	4.2~4.8	4.7~5.3	5.2~5.8	5.7~6.3	6.2~6.8	6.7~7.3
	30	1.7~2.3	2.2~2.8	2.7~3.3	3.2~3.8	3.7~4.3	4.2~4.8	4.7~5.3	5.2~5.8	5.7~6.3	6.2~6.8	6.7~7.3
	31	1.7~2.3	2.2~2.8	2.7~3.3	3.2~3.8	3.7~4.3	4.2~4.8	4.7~5.3	5.2~5.8	5.7~6.3	6.2~6.8	6.7~7.3
	32	1.7~2.3	2.2~2.8	2.7~3.3	3.2~3.8	3.7~4.3	4.2~4.8	4.7~5.3	5.2~5.8	5.7~6.3	6.2~6.8	6.7~7.3
	33	1.8~2.3	2.3~2.8	2.8~3.3	3.3~3.8	3.7~4.3	4.2~4.8	4.7~5.3	5.2~5.8	5.7~6.3	6.2~6.8	6.7~7.3
	34	1.8~2.3	2.3~2.8	2.8~3.3	3.3~3.8	3.8~4.3	4.3~4.8	4.8~5.3	5.3~5.8	5.8~6.3	6.3~6.8	6.8~7.3
	35	1.8~2.3	2.3~2.8	2.8~3.3	3.3~3.8	3.8~4.3	4.3~4.8	4.8~5.3	5.3~5.8	5.8~6.3	6.3~6.8	6.8~7.3
	36	1.8~2.2	2.3~2.8	2.8~3.3	3.3~3.8	3.8~4.3	4.3~4.8	4.8~5.3	5.3~5.8	5.8~6.3	6.3~6.8	6.8~7.3
	37	1.8~2.2	2.3~2.7	2.8~3.2	3.3~3.7	3.8~4.2	4.3~4.7	4.8~5.2	5.3~5.8	5.8~6.3	6.3~6.8	6.8~7.3
	38	1.8~2.2	2.3~2.7	2.8~3.2	3.3~3.7	3.8~4.2	4.3~4.7	4.8~5.2	5.3~5.7	5.8~6.2	6.3~6.7	6.8~7.2
	39	1.8~2.2	2.3~2.7	2.8~3.2	3.3~3.7	3.8~4.2	4.3~4.7	4.8~5.2	5.3~5.7	5.8~6.2	6.3~6.7	6.8~7.2
	40	1.8~2.2	2.3~2.7	2.8~3.2	3.3~3.7	3.8~4.2	4.3~4.7	4.8~5.2	5.3~5.7	5.8~6.2	6.3~6.7	6.8~7.2

（注1） 上記年数には本来，退職給付の支払時までの平均残存期間を用いるべきであるが，実務上の観点から平均残存勤務期間を使用しても差し支えないものとした。
（注2） 期末の割引率が，前期末の割引率と平均残存勤務期間に応じる上表の範囲を超えて変動した場合には，退職給付債務が10％以上変動しているものと推定することができる。この場合には，期末の割引率を用いて退職給付債務を再計算しなければならない。

出典：「退職給付会計に係る実務基準」（日本アクチュアリー会・日本年金数理人会）

第3章 退職給付債務と基礎率

Q34 退職率はどのように計算しますか

Answer

退職率は、退職給付制度のある会社ごとに過去の実績に基づいて合理的に算定します。

―― 解 説 ――

1 「退職率」と「退職確率」

退職率は、退職給付債務を計算するうえで重要な計算基礎率ですが、実際の計算では、退職率を基にした退職確率を使用することになります。

表1　退職率と退職確率の違い

退職率	その会社に所属する特定の年齢の従業員が、その年齢において生存退職する率。
退職確率	現在ある年齢の人が、定年までの特定の年齢において生存退職する確率。「退職率」を基に計算する。

2 退職率の計算例

退職確率については、Q31 の設例で計算しましたので、ここでは、退職率の計算について簡単な例を用いて説明します。

― 113 ―

表2　退職率計算表

年齢	X3年				X2年				X1年				合計		退職率の計算	
	年度末	退職者	加入者	年初	年度末	退職者	加入者	年初	年度末	退職者	加入者	年初	退職者	年初	粗製退職率 p (n÷o)	補正退職率 q
a	b	c	d	e	f	g	h	i	j	k	l	m	n	o	p	q
18	100	⑮	20	95	90	⑯	20	86	55	⑮	24	46	46	227	0.20264	
19	110	20	40	90	64	21	30	55	81	22	22	81	63	226	0.27876	
20	120	24	80	64	101	20	40	81	105	21	36	90	65	235	0.27660	0.26470
21	105	26	30	101	100	26	25	105	91	25	20	96	81	302	0.26821	0.27698
22	80	30	10	100	75	26	10	91	61	21	14	68	77	259	0.29730	0.25911
23	72	18	15	75	63	16	8	61	41	13	12	42	47	178	0.26404	
24	55	10	12	53	43	8	10	41	39	7	8	38	25	132	0.18939	
25	42	9	8	43	40	7	8	39								
26	36	10	6	40												

　この表は，18歳から24歳までの従業員の3年間の推移をまとめた表です。特定の年齢の従業員数の増減について，3年間にわたり次のようにプロットしています。

　本来であればすべての従業員について，年齢ごとに退職率を算定しますが，ここでは20歳から22歳までの退職率を算定します。

① 年齢ごとの従業員数の推移をプロットする

×1年度

　たとえば，18歳の従業員は，×1年の年初に46人いましたが，その年に24人の加入者と15人の退職者による増減の結果，年度末には55人となります。

×2年度

　この55人は，翌年の×2年の年初には一斉に19歳になるとします。そして30人の加入と21人の退職の結果，年度末には64人となります。

×3年度

×3年度年初には20歳になるとして、同様に加入者と退職者がそれぞれ80人と24人いるため、年度末には120人になります。

② 年齢ごとに3年間の退職率を計算する

年齢ごとの3年間の退職者合計を同じく年初在籍者合計で除して「粗製退職率」を計算します。

たとえば、18歳の場合は、46（＝15＋16＋15）÷227（＝95＋86＋46）＝0.20264 となります。

③ 5点移動平均法を用いて実績値（「粗製退職率」）を補正する

異常値を排除するために粗製退職率をそのまま使用しないで、前後五つの各年齢の平均値を計算して補正します。

たとえば、20歳の「補正退職率」は、18歳から22歳までの「粗製退職率」を平均して計算します。

0.26470
＝(0.20264＋0.27876＋0.27660＋0.26821＋0.29730)÷5

補正退職率を算定する際には、同様の計算を数回繰り返してより異常値をならす場合もあります。

④ 死亡退職者数を除いて、各年齢の生存退職率を算定する

上記の表に死亡退職者も含まれている場合には、年齢ごとの補正退職率から死亡退職率を控除して、生存退職率を算定します。

3 退職率算定の基本的な考え方

「退職給付会計に関する実務指針」では,日本年金数理人会の「退職給付会計に係る実務基準」に記載の「基礎率の算定方法」を資料として載せています。そこには,退職率の基本的な考え方が記載されていますので紹介します。

> 1 退職率について
> 　退職率を算定するにあたっての基本的な考え方は次のとおりである。
> (1) 退職率は原則として同一企業で一つとし,年齢別に定めること。
> 　　(注) 明らかに性質の異なる集団が共存している場合などでは,これらを区分して,算定することができるものとする。また,年齢別に算定することを原則とするが,当該方法が適当でない場合には,勤続年数別など集団の特性に適合した方法も用いることができるものとする。
> (2) 退職率は従業員の在職および退職の実績に基づいて算定された実績値またはこれを補整した数値とすること。
> 　　(注) 統計資料の偶発的な要素や変動を排除して,実績値(=粗製退職率)を補整する方法としては,たとえば,5点移動平均法やグレヴィルの補整式による方法などがある。
> (3) 退職率は直近3年間以上の従業員の在職および退職の実績に基づいて算定すること。
> 　　(注) 異常年度の退職実績を使用しない等の処理を行う場合には,必ずしも連続した3年間以上とは限らないことになる。なお,異常退職の実績が把握できる場合は,当該異常退職データのみを除外する取扱いもできるものとする。
> (4) 補整する前の粗製退職率算定段階での死亡退職者の取扱いについては,次のいずれかの方法によること。
> 　① 内枠方式
> 　　　死亡退職者を含む退職者の実績に基づいて算定した総退職率から,別に定める予定死亡率を控除したものを生存退職率とする方法。

② 外枠方式

　　死亡退職者を除く退職者の実績に基づいて算定した退職率を生存退職率とする方法。

　（注）内枠方式で予定死亡率を控除した結果が負になる年齢がある場合は，その年齢における退職率はゼロとする。

(5) 実績退職率の水準，傾向，安定性または将来の動向（見込み）等を考慮して，必要と認める場合は，退職率の割（増）掛け等による補正を行うこともできること。

(6) 退職率は，企業年金制度の財政再計算と同様に一定の期間，または従業員数の大幅な変動の場合など必要に応じて変更するまでの間，不変とできること。

Question 35 一時金選択率も基礎率ですか

Answer

企業年金制度における一時金選択率は，退職給付に関する会計基準では基礎率には上げられていませんが，実務上は退職給付債務の計算に重要な影響がありますので，基礎率に準じるものとして扱われます。

――― 解 説 ―――

1 一時金選択率とは

企業年金制度では，退職者の希望があれば年金ではなく一時金として支給を受けるようにできるのが一般的です。その場合の一時金を選択する割合を一時金選択率といいます。

2 一時金選択率の設定

一時金選択率は，過去の実績等に基づいて合理的に設定し，毎期見直すことが必要です。

すでに年金制度が定着し相当規模の従業員が加入している場合には，一時金選択率も安定的であると思われます。

他方，従業員の年齢構成が若い場合や従業員規模が大きくない場合には，毎年の実績が安定しないこともあります。このような場合には，過去の実績のトレンドや数年間の平均を参考にすることも実務的には考えられます。

第3章　退職給付債務と基礎率

3　一時金選択率が退職給付債務の計算に与える影響

　企業年金制度では，定年時点の年金原資をもとに給付利率で運用しながら年金を支給します。

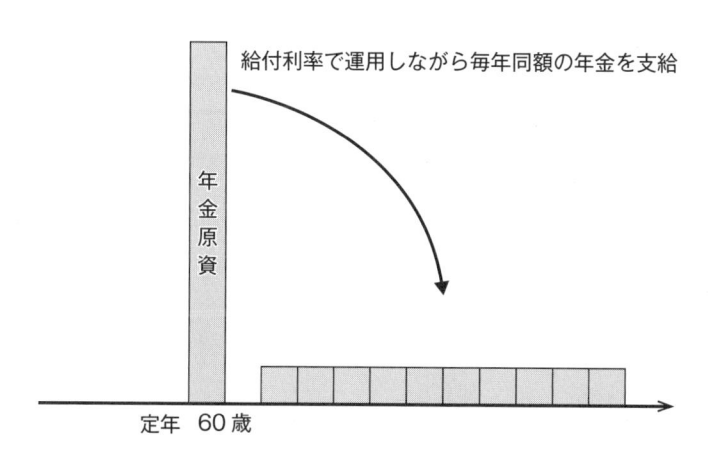

　これは，年金で受給する額と一時金で受給する額が等価であることを表しています。特に確定年金の場合は，受給する年金総額の割引現在価値と一時金額が同額になるように設計するのです。

　この場合の等価となる計算基礎が給付利率です。

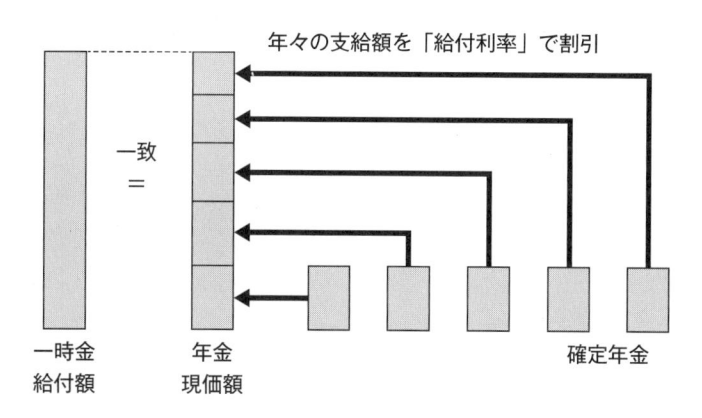

一方，退職給付会計では，割引率を使って退職給付債務を計算します。企業年金制度では，退職一時金制度と異なり定年後に年金支給が発生するため，この時の給付利率と割引率が一致しない場合には，一時金選択率が退職給付債務の計算に影響を与えることになります。

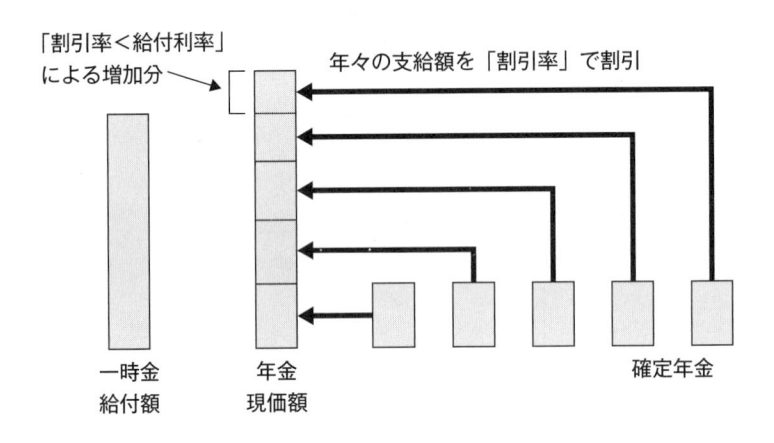

「割引率＜給付利率」による増加分

年々の支給額を「割引率」で割引

一時金給付額　　年金現価額　　　　　　　　確定年金

　また，終身年金や保証期間付終身年金の場合のように，確定年金と比べて年金支給期間が長くなると退職給付債務が増加する要因となります（ Q32 ）。

Q36

将来の退職金を見積もるにはどのように行えばいいでしょうか

Answer

退職給付債務や勤務費用を算定するにあたっては，退職時の退職給付額を予測しますが，この場合には，昇給率を合理的に見積もる方法があります。昇給率は，給与規程や平均給与の実態分布及び過去の昇給実績等に基づいて確実に見込まれるものを合理的に推定して算定します。また，確実かつ合理的に推定できる場合以外は，ベースアップは含めません。

解説

1 昇給率の考え方

退職給付額は，通常，退職時の給与の額をベースに計算されることが多いようです。そのため，退職給付債務の計算においても，Q31で説明したステップ①のとおり，昇給率を用いて予想退職時の退職給付額を予測します。

その場合の昇給率は，年齢別に指数として定められることが一般的で，退職時給与は次の計算式で計算されます。

退職時給与＝現在給与×退職時年齢の昇給指数÷現在年齢の昇給指数

なお，勤務期間や職能資格制度等に基づくポイント制度を採用している場合には，給与に代わってポイントによって昇給率を計算します。

2　昇給率の計算方法

　昇給率を計算する場合には年金財政計算での手法を参考にするとよいでしょう。

　年金財政計算においても昇給率を設定して掛金の計算を行います。年金財政計算に用いる昇給率は，在籍する従業員の年齢別・勤続別の平均給与を基礎とした「最小二乗法」などの手法によって補整を行って年齢別に指数の形で定めます。

　退職給付債務の計算では，実務的に年金財政計算に用いた昇給率をそのまま使用するケースも少なくありません。ただし，必ずしも在籍する従業員の平均給与が将来の給与の上昇傾向を表しているとは限りません。

　したがって，年金財政計算で用いられている昇給率が退職給付債務を算定するうえで実態を的確に表しているかどうかを慎重に見極めることが必要になります。

　また，年金財政計算では従業員数や加入者数等に大きな変動がある場合を除き，原則として3年から5年に一度の年金財政再計算時に見直しを行います。他方，退職給付会計では退職給付債務等に重要な影響があると認められる場合には昇給率を見直します。そのため，年金財政計算に用いられている昇給率をそのまま会計において用いることができない場合もありますので注意が必要です。

　その一方で，年金財政再計算において昇給率の見直しが行われた場合には，会計上においても退職給付債務の計算においてこれを反映することになります。

3　昇給率を計算する場合の注意点

　昇給率を計算する場合には以下の点に注意して行う必要があります。

① 給与規程や平均給与の実態分布及び過去の昇給実績等に基づいて行う
② 確実に見込まれるものを合理的に推定して算定する

③　確実かつ合理的に推定できる場合を除きベースアップは含めない
④　過去の昇給実績データからは，異常値を排除する
※　「異常値」とは，たとえば急激な業績拡大やインフレ等に伴う給与加算や給与テーブルの改訂等のデータ等を指します。

　昇給率は原則として個別の会社ごとに算定します。ただし，給与規程や平均給与の実態等が類似する企業集団に属する場合には，その集団の予定昇給率を利用することも可能です。

Q37

期待運用収益率はどのように設定すればよいのでしょうか。どのくらいのレベルが合理的なのでしょうか

Answer

期待運用収益率は合理的に期待される運用収益の比率ですが，どの程度の率が合理的であるかは明確ではありません。恣意性が入らないようにしながらポートフォリオや運用実績，運用方針，市場の動向等を考慮して算定します。

―― 解　説 ――

1　期待運用収益率の見積りの影響

　期待運用収益は退職給付費用の内訳項目であり，期首の年金資産に期待運用収益率を乗じて計算します。そのため，期待運用収益率が大きくなれば退職給付費用は小さくなり，逆に期待運用収益率が小さくなれば退職給付費用は大きくなります。

表　期待運用収益率と退職給付費用の関係

期待運用収益率	退職給付費用計上額
大	小
小	大

　また，年金資産は期末の時価で評価しますが，期待運用収益を見積もって期末の年金資産の予測を行います。そのため，運用実績が低迷するなど期待運用収益を下回る場合には，運用実績と期待運用収益の差額は数理計算上の差異として把握され，遅延認識によって翌期以降の退職給付費用として繰り延べられ

ることになります。

たとえば、期首の年金資産の時価が1,000、当期にかかる期待運用収益以外の退職給付費用が100、年間の年金資産の運用実績が20の場合を見てみましょう。

期待運用収益率を1％と設定したケースと、3％と設定したケースを考えます。

	期待運用収益率	期待運用収益	当期の退職給付費用	数理計算上の差異
①	1％	10	90（＝100−10）	△10（＝10−20）
②	3％	30	70（＝100−30）	10（＝30−20）

実際の運用利回り20が期待運用収益率を超えた①の場合には、当期の退職給付費用が過大となった分、翌期以降に費用の戻りが生じます。他方、運用利回りが期待運用収益率を下回った②の場合には、翌期以降に費用の繰り延べが生じます。

期待運用収益率は、他の基礎率と比べると過去の実績が将来の予測計算にあまり役立たない要素があります。予測と実績の差は数理計算上の差異として将来にわたり解消されるものの、可能な限り実態に即した収益と費用を計上したいものです。

2 期待運用収益率の見積方法と考え方

期待運用収益率を見積もる方法には実務上いろいろな方法があります。代表的な考え方には次のようなものがあります。

① 過去3年から5年の運用実績からポートフォリオごとの平均運用利回りを算定して、期首のポートフォリオにそれらを乗じて全体の予想収益率とする方法
② インカムゲインとキャピタルゲインとに分けて期待運用収益率を算定する方法

現行の会計上の期待運用収益率は，今後１年間に期待される運用収益率を算定することが原則です。

これに対して，年金財政計算上は，予定利率を達成するために中長期的な運用目標を定めてポートフォリオを設定しているケースが少なくありません。

そこで，会計上の期待運用収益率についてもこの年金資産の運用方針に定める中長期の期待運用収益率を部分的に採用することも考えられます。

なお，ＩＦＲＳでは，この期待運用収益は財務項目として考えられ，割引率と同じものを使用する方向で進んでいます。また，わが国の改訂される基準等でも長期期待運用収益率を使用することが明確化されています。

3 企業が複数の企業年金制度を有する場合

一つの会社に複数の企業年金制度が存在する場合には，原則として基礎率は同じものを使用しなければなりません。ただし，期待運用収益率についての例外があります。

年金資産のポートフォリオや運用方針等が異なる場合で，退職給付制度ごとに異なる基礎率を採用することに合理的な理由がある場合には，異なる基礎率を用いてもよいことになっています。

4 期待運用収益率の見直し

期待運用収益率は，前年度における運用収益の実績等に基づいて再検討し，当期損益に重要な影響があると認められる場合のほかは，見直さないことができます。

また，原則として，期待運用収益率は期首に設定しますが，株価の大幅下落等によって運用環境が著しく悪化した場合など，期首に設定した期待運用収益率が実績と大幅に乖離した場合には，期末時や四半期末などに当期の期待運用収益率を下方修正することも実務的には許容されることもあります。

第3章 退職給付債務と基礎率

Question 38

退職給付債務の計算には,期待値の考え方が用いられていると聞きます。期待値とは具体的にどのような考え方ですか

Answer

退職給付債務は退職給付見込額を割引計算したものです。この退職給付見込額は確率・統計で用いられている「期待値」の考え方に基づくものです。確率論における期待値とは,「確率変数のとり得る値にそれが起こる確率を掛けた値の総和である」とされています。

―― 解　説 ――

1　期待値の考え方

　期待値について簡単な例を用いて一般的な説明をします。
　まず,10万円の当たりくじが五つ,はずれくじ(0円)が五つあるくじ引きを考えます。
　この場合,当たりの確率は50%,はずれの確率は50%となります。
　このとき,くじを引く人の期待値は次のとおりです。

　　期待値：10万円×50%＋0円×50%＝5万円

　つまり,このくじを引く人は,実際には10万円か0円か二つに一つの結果しか得られないわけですが,くじを引いた結果として手にできる「見込み」の額は5万円になるわけです。
　実際,このくじを全部ひいたとしたら,結果的には1回当たり5万円になり

ます。

2 退職給付見込額と期待値

　この,「見込み」の考え方は退職給付会計にも採用されています。退職給付見込額は,ある従業員が退職までに得られると期待される「見込み」額となります。

　たとえば,当期末に退職した場合に100万円の退職金が支払われるとしても,退職する確率が２％であれば,当期末の退職金に対する「見込み」は100万円×２％＝２万円　となります。

　さらに,翌期末に退職した場合に110万円の退職金が支払われるとして,翌期末の退職確率が３％であれば,翌期末の退職金に対する「見込み」は110万円×３％＝3.3万円　となります。

　最終的に,従業員は定年までには確実に退職(又は死亡する)ことになりますので,現在から定年退職までの各年度の退職確率と死亡確率を合計したものは100％となります。各年度末の退職金をそれぞれの年度の退職確率と死亡確率に掛けた「見込み」をすべて合計すると期待値としての退職給付見込額になります。

　そして,この退職給付見込額のうち当期までに発生していると認められるものが退職給付債務の対象となります。

表　退職給付見込額と期待値

	×1年	×2年	……	定年時	計
退職金	100万円	110万円	……	1,000万円	−
退職確率	2％	3％	……	35％	100％
見込額（期待値）	2万円	3.3万円	……	350万円	×××

「退職給付見込額」

Q39

退職給付債務は，すでに発生していると認められる額を適切な期間配分方法を適用して算定するとありますが，期間配分方法にはどのようなものがありますか。適切な方法とはどのような考え方ですか

Answer

期間配分方法には，（勤務）期間定額基準，給与総額基準，支給倍率基準，ポイント基準，給付算定式基準などがあります。このうち，わが国では期間定額基準が合理的であり簡便な方法であるとされています。

解　説

1　期間配分方法とは

　退職給付債務の計算において，発生主義に基づいて期末までに発生している額を算定する方法を「期間配分方法」といいます。わが国の会計基準では，退職給付の発生額を見積もるにあたり，労働の対価性を見積もる観点から，期間定額基準が原則的方法となっています。

　退職給付会計の期間配分方法として，次のものがあげられます。

① （勤務）期間定額基準
② 給与総額基準
③ 支給倍率基準
④ ポイント基準
⑤ 給付算定式基準

2 期間定額基準

これまでわが国の退職給付会計で原則的な方法として採用されているものです。その理由は、労働の対価としての退職給付の発生額を見積もるために、期間定額基準が最も合理的であることと、簡便であることがあげられます。

この背景としては、わが国では、長期勤続者を相対的に優遇する支給倍率を設定していることが多く、一定期間を過ぎると急に支給倍率が高くなり、退職給付の額が急カーブを描いて増加する（Ｓ字カーブ）ような退職給付制度が多かったという状況があります。

このような状況においては、この支給倍率や支給額に基づく給付は、労働の対価というよりは勤続等に対する報酬的側面を反映していることが多いと考えられました。また、退職給付に関する費用の計上が後倒しになってしまい発生給付の費用配分の観点からは望ましくありません。

このような考え方から、わが国では退職給付額の基本要素である支給倍率を用いた基準ではなく、期間定額基準を原則的方法として採用した経緯があります。

配分の計算は、退職時点までの全勤務期間に対する期末時点までの勤務期間を発生割合とするものです。

3 給与総額基準

全勤務期間の給与額を体系的に定めている場合で、各期の労働の対価が退職給付の算定基礎となる各期の給与額に合理的に反映されていると認められるときには、給与総額基準が認められます。

配分計算は、全勤務期間における給与総支給額に対する期末時点までの勤務期間における給与総支給額を発生割合とします。

第3章　退職給付債務と基礎率

4　支給倍率基準

2で説明したように，わが国の多くの退職給付制度は，退職時の給与額に支給倍率を乗じるなどして退職給付額を算定してきました。

しかしながら，支給倍率そのものは各期の労働の対価を合理的に反映しているとはいえない場合が多いことから，現行の会計基準では原則としては適用ができないことになっています。

5　ポイント基準

ポイント基準は，ポイント制度を採用している場合の期間配分方法です。

ポイント制度とは，在職中の職能等による評価の累積を退職給付に反映させるために，各期の従業員の功績等をポイント化することによって，ポイントの累積点数にポイント単価なるものを掛けて退職給付額を算定する制度です。

ポイント基準は，ポイント制度において，ポイントの増加が各期の労働の対価を合理的に反映していると認められる場合には適用できることになります。

6　給付算定式基準

給付算定式はＩＦＲＳで原則的に採用されている期間配分方法です。基本的にはわが国の支給倍率基準と同様に退職給付の算定に用いている方法を基礎として期間配分するものです。

わが国の退職給付制度に比べて欧米の制度は，勤続初期の従業員にも早くから高めの給付額となっており，その後も急カーブを描くことなく比較的緩やかなカーブで給付額が増加する傾向にあります。そのため，欧米では給付算定式と呼ばれる期間配分方法を原則的に採用しています。ただし，給付額のカーブが後加重となる制度設計の場合には，急カーブ部分につき期間定額基準を用いる等の補整計算が要求されています。

図　期間定額基準と給付算定式基準

（退職給付債務）

補正計算

期間定額基準

給付算定式基準

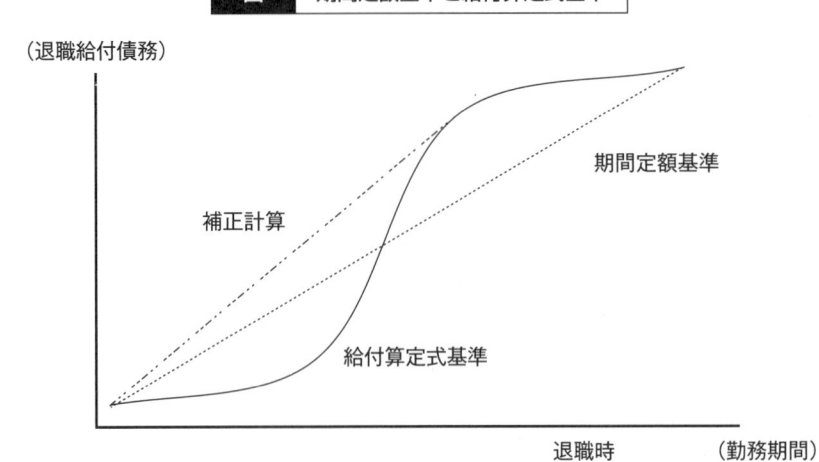

退職時　　（勤務期間）

表　期間配分方法

期間配分方法	期間配分係数	適用の可否
期間定額基準	期末時点までの勤務期間÷退職時点までの全勤務期間	原則的方法
給与総額基準	期末時点までの勤務期間における給与総支給額÷全勤務期間における給与総支給額	全勤務期間の給与額を体系的に定めており，退職給付の算定基礎となる各期の給与額に各期の労働の対価が合理的に反映されていると認められる場合には適用可能
支給倍率基準	期末時点における支給倍率÷全勤務期間における支給倍率	支給倍率の増加が各期の労働の対価を合理的に反映しているとはいえない場合が多いため，原則としては適用不可
ポイント基準	期末時点までの勤務期間におけるポイント累計÷全勤務期間におけるポイント累計	ポイント制度において，ポイントの増加が各期の労働の対価を合理的に反映していると認められる場合には適用可能

第3章 退職給付債務と基礎率

Q40

数理計算をアクチュアリーに依頼する場合，期末日のデータを集めていると開示に間に合いません。もっと早い時期のデータを使用して退職給付債務や勤務費用を計算することは可能ですか

Answer

貸借対照表日よりも前の時点のデータ等を利用して退職給付債務と勤務費用の算定をすることが認められています。その場合には，期末日までの期間について一定の調整計算が必要になります。

解　説

1　原則は決算日のデータ等で計算

　退職給付債務や勤務費用を算定するための数理計算には，従業員の給与や昇給率の基礎となるデータ，退職者の数などのデータ等が必要となります。期末時点の退職給付債務を計算するためには，本来は決算日時点のデータ等を使うべきでしょう。

2　間に合わない場合には期末日より前のデータ等の利用が可能

　データ等の収集・整備や数理計算等に時間がかかることが多いため，期末日時点のデータ等では決算や開示までのスケジュールに間に合わないこともあります。そのような場合には決算日（貸借対照表日）前の一定日のデータ等を利用して退職給付債務と勤務費用の算定を行うことが認められています。

　この場合には，使用するデータ等の基準となる日（データ等基準日）から貸

借対照表日(評価基準日)までの期間(調整期間)の退職給付債務および勤務費用等の異動を適切に調整する必要があります。

3 「貸借対照表日前のデータ等を利用」する方法

貸借対照表日前のデータ等を利用する方法には次の二つがあります。

① 貸借対照表日よりも前の日(データ等基準日)のデータ等を用いて,データ基準日の退職給付債務等を計算する方法
② データ等基準日のデータを用いて貸借対照表日の退職給付債務等を計算する方法

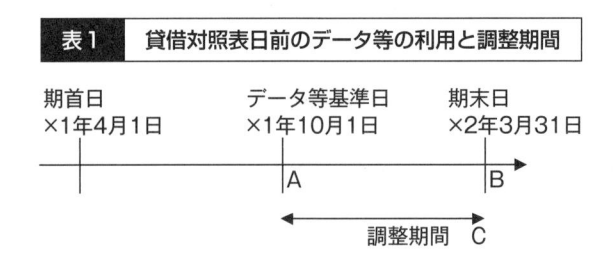

表1 貸借対照表日前のデータ等の利用と調整期間

```
期首日              データ等基準日        期末日
×1年4月1日          ×1年10月1日         ×2年3月31日
    |                   |A                  |B
                        <――― 調整期間 C ―――>
```

4 データ等基準日に退職給付債務等を計算する方法

この方法は,いったんAの時点で一度退職給付債務等を計算し,その計算結果を「ころがし」て期末日の退職給付債務等を計算する方法です。

① データ等基準日であるAのデータをもってAの時点の退職給付債務等を計算する
② 調整期間Cの勤務費用,利息費用,給付支払額等を調整して期末日Bの退職給付債務等を算出する

この方法は，あくまでデータ等基準日の退職給付債務等を計算して，これを基礎として補正するものです。そのため，退職給付制度が安定的であること，毎期継続して適用すること，そしてデータ等基準日が貸借対照表日から1年を超えないことが前提となっています。

具体的な調整計算式は，退職給付会計に関する実務指針の資料に記載されています。調整期間の計算のイメージは次のように表されます。

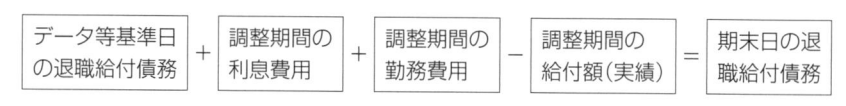

| データ等基準日の退職給付債務 | ＋ | 調整期間の利息費用 | ＋ | 調整期間の勤務費用 | － | 調整期間の給付額(実績) | ＝ | 期末日の退職給付債務 |

表2 (1)の具体的な計算方法　（実務指針【資料1】）

〈貸借対照表日の退職給付債務〉

　＝調整前の退職給付債務×$\left(1+割引率×\dfrac{n}{12}\right)$

　＋同上の評価基準日から翌1年間の勤務費用×$\dfrac{n}{12}$

　×$\dfrac{1}{1+割引率×(12-n)/12}$ －調整期間の給付支払額

〈貸借対照表日の翌期の勤務費用〉

　＝評価基準日から翌年間の勤務費用×$\left(1+割引率×\dfrac{n}{12}\right)$

（注）nは調整期間とし，また，調整期間中の給付支払額には予定の金額を用いることができるものとする。

5　データ等基準日等のデータを用いて期末日の退職給付債務を計算する方法

この方法では，Aの時点の加入者全員が変動することなく期末日に存在するという仮定を置いて計算し，実際の加入者のデータを加減して調整する方法です。

① Aのデータで期末日B時点の退職給付債務等を計算する
② Cの期間の退職者等を①の退職給付債務から控除するなどして補正する

この方法を採用している場合には，従業員の異動データのみならず年金受給者や待期者についても網羅的に把握して適切に調整計算に反映することが重要になります。

調整期間の計算のイメージは次のとおりです。

| 期末日の仮の退職給付債務 | − | 調整期間の退職者の退職給付債務 | ＋ | 調整期間の新入者の退職給付債務 | ＝ | 期末日の退職給付債務（実績） |

表3 (2)の具体的な計算方法 （実務指針【資料1】）

〈貸借対照表日の退職給付債務〉
 ＝データ基準日のデータによる貸借対照表日の退職給付債務
  ±異動データに係る退職給付債務

〈貸借対照表日の翌期の勤務費用〉
 ＝データ基準日のデータによる貸借対照表日の翌期の勤務費用
  ±異動データに係る翌期の勤務費用
 （注） 調整期間中の新入者に係る補正の影響が軽微であると考えられる場合は，退職者に係る異動データのみによって調整することができる。また，当該者に係る退職給付債務として給付支払額の実績を用いることができるものとする。さらに，調整期間中に予定されている定年退職者等については事前に除外しておく方法も考えられる。

第3章 退職給付債務と基礎率

Q41

決算日より前のデータを使用して退職給付債務の数理計算を行いたいのですが，割引率は期末日（貸借対照表日）の市場利回りを基礎としなければなりません。どのように割引率を想定すればいいでしょうか

Answer

数理計算を年金数理人（アクチュアリー）に依頼する場合には，複数の割引率を設定して複数の退職給付債務の計算結果から，合理的な補正計算によって期末日における実際の割引率による退職給付債務を計算することも認められています。

解　説

1 複数の割引率を設定して依頼

　退職給付債務や勤務費用の数理計算に使用する割引率は，期末日における市場利回りを基礎としたものでなければなりません。しかし，期末日の確定したデータを使用して数理計算を依頼すると実務上決算や開示のスケジュールに間に合わなくなるケースが想定されます。

　そのため，実務上は決算日前のデータを使用して年金数理人に数理計算を依頼する際に，あらかじめ想定される複数の割引率を設定して依頼します。複数の退職給付債務が計算された場合でも，それが必ずしも実際の期末日の市場利回りに基づく割引率を使用した場合の結果と一致するとは限りません。

　その場合には，複数の退職給付債務の計算結果を合理的な補正計算を行うことによって，期末日における実際の割引率による退職給付債務とすることができます。

2 合理的な補正計算

合理的な補正計算方法については基準などで明確にされていないため、「退職給付に係る実務基準」(日本アクチュアリー会・日本年金数理人会) で示されている次の二つの方法を参考にすることになります。

① 直線補間により補正計算する方法 (「線形補間方式」)
② 平均割引期間の概念を用いた近似式を使用する方法 (「対数補間方式」)

3 直線補間により補正計算する方法 (「線形補間方式」)

線形補間方式では、割引率変動割合を計算結果間の変動値に適用する方法で、直線的に変動すると仮定して計算します。

あらかじめ設定した二つの割引率と退職給付債務が次のとおりであるとすると、

① 割引率 p ％では退職給付債務 (p)
② 割引率 q ％では退職給付債務 (q)
③ 期末日の割引率を i ％とする

補正計算式は以下のとおりとなります。

```
退職給付債務
＝{退職給付債務(q)−退職給付債務(p)}×(i−p)／(q−p)
   ＋退職給付債務(p)
```

第3章　退職給付債務と基礎率

【設　例】
割引率2％のときの退職給付債務1,000
割引率4％のときの退職給付債務800
実際の期末日の割引率3％
この場合の期末日の退職給付債務の補正計算は次のようになります。

　　退職給付債務＝(800－1,000)×(3－2)÷(4－2)＋1,000＝900

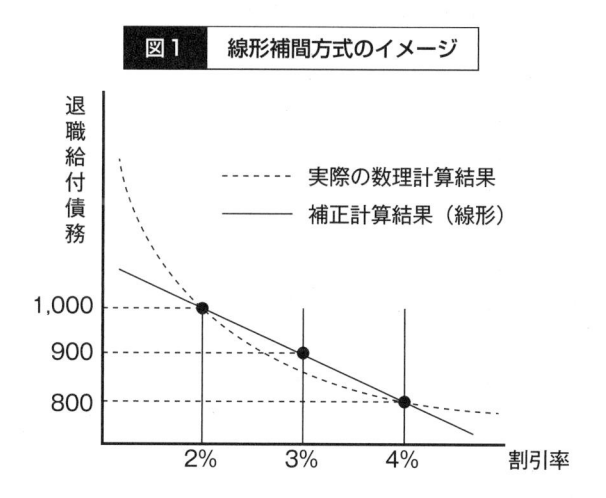

図1　線形補間方式のイメージ

（グラフ：横軸 割引率 2%, 3%, 4%、縦軸 退職給付債務 800, 900, 1,000。破線：実際の数理計算結果、実線：補正計算結果（線形））

4 平均割引期間の概念を用いた近似式を使用する方法（「対数補間方式」）

　実際の数理計算の結果が割引率に対して曲線的であるのに対して，線形補間方式では，補正計算結果は直線的になってしまいます。
　そこで曲線的な結果を得ることによって，実際の計算結果との乖離を小さくする方法が対数補間方式です。

退職給付債務＝退職給付債務(p)×$\{(1＋p/100)÷(1＋i/100)\}^n$
ただし $n＝\log\{$退職給付債務(p)÷退職給付債務(q)$\}$
　　　　　　$÷\log\{(1＋q/100)÷(1＋p/100)\}$

先ほどの数値例を用いて期末日の退職給付債務を計算すると

n = log (1,000÷800)÷log {(1 + 4／100)÷(1 + 2／100)}

= 0.0969÷0.0084 = 11.4915

退職給付債務 = 1,000×{(1 + 2／100)÷(1 + 3／100)}[11.4915]

= 893.9428

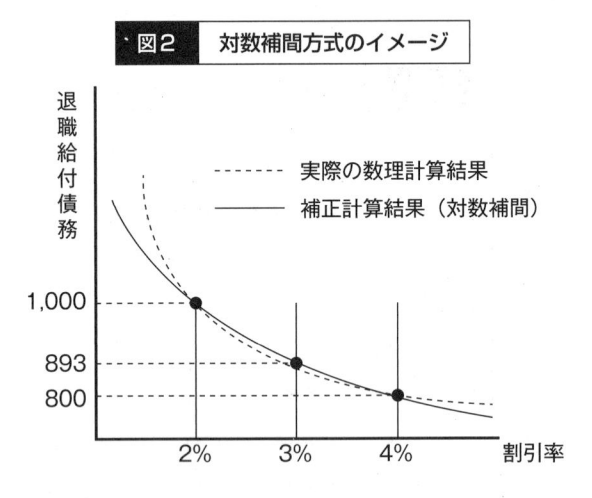

図2　対数補間方式のイメージ

（グラフ：縦軸＝退職給付債務、横軸＝割引率。破線＝実際の数理計算結果、実線＝補正計算結果（対数補間）。割引率2%で1,000、3%で893、4%で800。）

5 計算方法の選択

　線形補間方式は計算が簡単ですが実際の退職給付債務との間に乖離が生じる可能性があります。一方，対数補間方式は計算が複雑ですが実際の退職給付債務との乖離幅は小さくなります。対数の計算は表計算ソフトの関数式などを利用すると簡単に計算することができますので，より精緻な計算結果を得られる対数補間方式が実務上は望ましいといわれています。

　また，上記の設例では，あらかじめ設定した二つの割引率の間に期末日の割引率があるという仮定です。このような補間計算は内部補間と呼ばれています。これに対して，二つの割引率の外側に期末日の割引率がある場合は外部補間と呼ばれます。この場合でも上記の計算式によって補間計算を行うことができます。

第4章 キャッシュバランスプラン

Q42
キャッシュバランスプランとはどのようなものですか

Answer

キャッシュバランスプランは，確定給付年金と確定拠出年金の中間的な性質をもつ年金の給付算定方法の一つです。

――― 解説 ―――

1 確定給付年金の一形態

　確定給付企業年金法の施行に伴って，確定給付企業年金制度と厚生年金基金制度においてキャッシュバランスプランの導入が認められました。

　キャッシュバランスプランは確定給付年金制度の一形態であり，これに確定拠出年金の性格を一部取り入れた混合型（ハイブリッド型）の年金制度です。確定拠出年金と確定給付年金のそれぞれの特徴を取り入れており，柔軟な制度設計が可能になります。

2 利息付のポイント制退職金制度

　キャッシュバランスプランでは，あたかも確定拠出年金のように個人別に勘定（個人別仮想勘定）を設けています。実際にはその勘定残高の裏付けとなる金銭が紐ついていないところが確定拠出年金と異なる点です。

　個人別仮想勘定は，その年に付与された拠出額（拠出付与額）と前年までの

個別仮想勘定に利息が付与されたものの合計です。

利息は国債の利回り等に基づいて付与されるため、金利の変動によって給付額が変動します。

確定拠出年金では個人の自己責任に基づく運用指図によって運用成果である受給額が変動しますが、キャッシュバランスプランでは事業主が運用責任を負っています。

3 退職給付債務計算の必要性

確定拠出年金とは異なりキャッシュバランスプランでは事業主が運用責任を負っていますので、他の確定給付年金と同様に退職給付会計が適用され退職給付債務の計算が必要になります。

4 年金数理計算による年金制度への掛金の算定

各期において個人に対して拠出付与額が与えられ、個人別仮想勘定が設けられている点が確定拠出年金に類似していますが、他の確定給付年金と同じように掛金を年金資産として拠出しなければなりません。

確定拠出年金では個人への拠出によって事業主の支払義務が終了しますが、キャッシュバランスプランでは個人への付与はあくまで計算上行うものであり、実際の資産の運用は年金資産を通じて行います。

そのため、キャッシュバランスプランにおいても、年金数理計算を行って、適正な掛金を算定することになります。

Q43 キャッシュバランスプランでは給付額の計算はどうなりますか

Answer

個人別仮想勘定を用いて給付額を算定します。個人別仮想勘定は、各期に付与された拠出額（拠出付与額）と前年までの個別仮想勘定に利息が付与されたものの合計です。

解　説

1　給付額の計算

キャッシュバランスプランの給付額は次のように計算します。

① 拠出付与額を個人別仮想勘定に繰り入れる
② 期首の個人別仮想勘定に対し，あらかじめ定めた利率により利息を付与する

これを計算式にすると次のとおりとなります。

　　期末個人別仮想勘定残高（累計ポイント）
　　＝期首勘定残高＋当期拠出付与額＋当期利息ポイント

2　確定拠出年金と似た考え方

確定拠出年金と同様に個人別仮想勘定を設け，仮想勘定には毎期一定の拠出付与額を繰り入れます。拠出付与額は，給与の一定率や定額によって決めます。

次に，個人別仮想勘定の期首残高に対して利息ポイントを付与します。利息は，国債利回り等に連動する再評価率に基づいて計算します。

給付額は，これら拠出付与額の累計と利息ポイントの累計を合計したものになります。確定拠出年金の給付額は，各人への拠出額の累計とそれらの運用利回りの合計ですので，キャッシュバランスプランと確定拠出年金は非常に似通っているといえます。

図　個人別仮想勘定と退職給付額

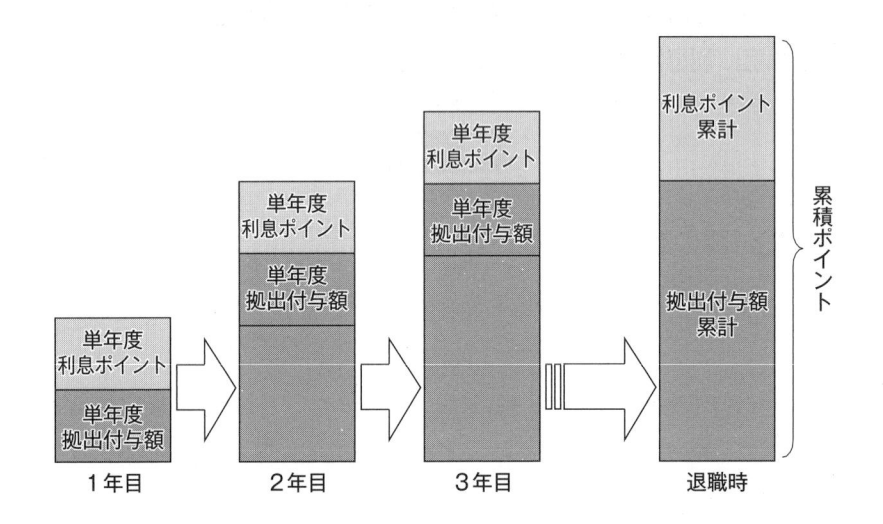

3　実際に存在しない個人別仮想勘定残高に相当する積立金

確定拠出年金では個人勘定へ実際に金銭が拠出されますが，キャッシュバランスプランでは拠出付与額を実際に拠出するわけではありません。そのため，一人ひとりの勘定残高に相当する金銭が，個人別仮想勘定に紐ついて存在しないことが一般的です。

拠出付与額や利息ポイントの管理は当然に行われますが，それは記録上の管理にすぎず，実際の給付は他の確定給付年金と同様に年金資産から割り当てられて支給されます。

あくまで記録上の管理であるため,「仮想勘定」と称しています。

4 制度の年金資産残高と一致しない個人別仮想勘定の合計額

　拠出付与額は個人別仮想勘定へ配分されるものですが,これと年金制度の掛金は別の考え方によるものです。拠出付与額は将来の給付の基礎となるものであるのに対し,掛金は年金資産の原資となるものです。

　つまり,将来の拠出付与額と利息の累計から将来の給付額を予測し,これに予定利率を用いることによって必要となる掛金を計算するのです。したがって,個人別仮想勘定を合計しても制度の年金資産残高と一致しません。また,通常は年金資産の積立状況とは関係ありません。

　個人別仮想勘定は従業員に対する支払義務となりますので,個人別仮想勘定の合計が退職給付債務と近似します。

第5章 年金財政計算と退職給付会計との関係

Question 44

年金財政計算とはどのようなものですか

Answer

各種企業年金制度において行われる年金財政の計算を年金財政計算といいます。将来支給される年金給付に見合うだけの掛金と積立金を計算し，年金制度としての収支がバランスするように年金財政を設計し検証することが目的です。

―― 解 説 ――

1 退職後の年金のために掛金を拠出する

年金は，退職後の生活を保障するためのものです。個人年金であれば自分自身で掛金を払い込み，企業年金であれば事業主が従業員の掛金を拠出します。

つまり，企業年金制度では，将来発生する退職年金の給付を賄うために事業主等が掛金を拠出します。

2 掛金額を決めるための年金財政計算

では，いくら掛金を拠出すればいいのでしょうか。結論から言えば，年金として支給される分に見合う分だけの掛金を拠出すればいいのです。拠出した掛金とこれを運用した運用収益をもとに給付することになります。

| 図 | 掛金と給付の関係 |

（運用収益／掛金合計 → 年金の原資）

Q02 で説明した給付建て年金の計算式をもう一度見てください。

「給付」＝「掛金」＋「運用収益」

から，式を変形すると，以下のようになります。

「掛金」＝「給付」（年金原資）－「（予定）運用収益」

掛金は，「将来発生する給付の予想額」と「予定される運用収益額」に照らして，将来の年金財政の均衡を保つように計算されます。

Q45 企業年金制度の掛金にはどのようなものがありますか

Answer

企業年金制度の掛金には,「標準掛金」と「特別掛金」があります。

解　説

1 掛金には,標準掛金と特別掛金の2種類がある

確定給付企業年金制度や厚生年金基金制度の加算部分では,一般的に加入年齢方式という財政方式によって掛金が決められています。

加入年齢方式では,これから年金制度に加入する標準的なモデルを設定し,このモデルのもとで収支がバランスするように掛金を算定します。

標準掛金は,モデルとなる加入者に対して,予定どおりに運用されれば予定どおりに年金が支払われることになるための原資になる掛金です。

特別掛金は,過去の掛金の計算や運用がうまくいかなかった場合に発生した積立不足を補うために追加的に拠出しなければならない掛金です。

2 標準掛金の決まり方

標準掛金は,将来の勤務期間に対する給付債務（支出）と将来の掛金（収入）が一致するように算定されます。ここで「将来」という言葉が使われているのには理由があります。標準掛金は,現在時点から後の期間で収支がバランスすることを目指しているためです。そのため,会社に入社したばかりの新加入者の場合と,すでに一定年数の加入期間がある加入者ではちょっと状況が変わってきます。

3 時間価値を考えない場合のモデルの標準掛金

利息などの時間価値を考えなければ，掛金額合計＝年金総額　になります。

新加入者の場合には，年金総額を単純に定年までの年数で割れば掛金額を計算できます。図で表すと図1のようになります。

　　掛金＝年金総額÷拠出年数

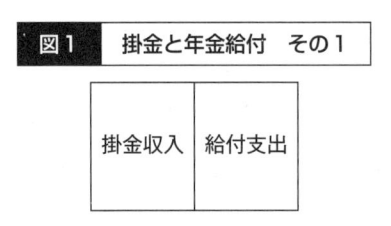

図1	掛金と年金給付　その1
掛金収入	給付支出

4 時間価値を考える場合のモデルの標準掛金

実際には，拠出された掛金は年金資産として予定利率を前提に運用されます。通常は定年まで掛金を支払い続け，定年以後は定年時点の年金資産を運用しながら年金給付を行います。

実務上は，年金給付の側から見ます。年金は給付利率によって定年時点の年金原資（一時金残高）に割り引かれ，さらに年金原資は予定利率で割り引かれます。これを「給付現価」といいます。掛金は，掛金予想額を予定利率で割り引いた「標準掛金収入現価」が給付現価と一致するように掛金を算出します。

　　標準掛金＝給付現価÷拠出年数

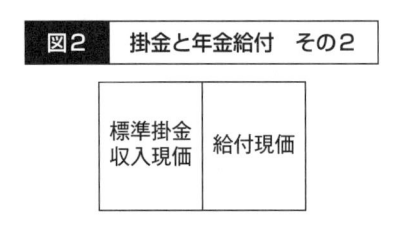

図2	掛金と年金給付　その2
標準掛金収入現価	給付現価

5 数理債務(責任準備金)の発生

モデルとなる加入者が加入して数年経過するとどうなるでしょうか。

給付現価は,支払時期が近づくことによって予定利率による割引額が小さくなるために増加します。

一方,標準掛金収入現価は,掛金の残りの拠出期間が短くなるために減少します。

そのため,給付現価と標準掛金収入現価に差異が発生します。この差異を「数理債務」といいます(適格年金では「責任準備金」といいます)。

図3　掛金と年金給付　その3　数理債務

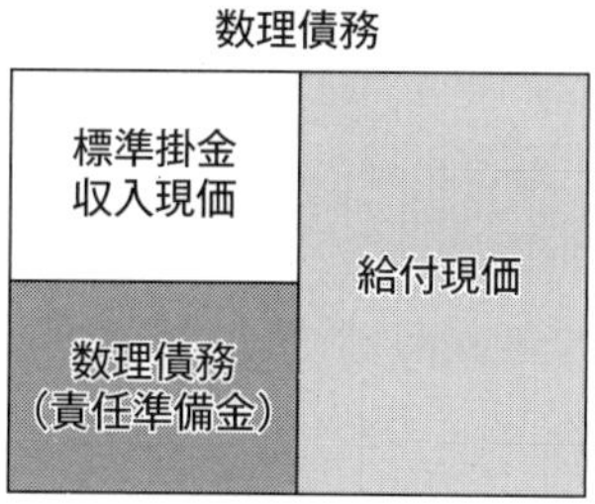

数理債務

標準掛金 収入現価	給付現価
数理債務 (責任準備金)	

この数理債務は,時間が経過するごとに徐々に増加していきます。定年到達時点では,

　給付現価＝数理債務

となります。

数理債務は,年金財政運営の健全性を示す指標です。その時点以後の期間を標準掛金だけで年金給付を賄うとした場合に,その時点で保持しておくべき基準となる資産の額を示しています。

6 予定どおりに運用しなかった場合の特別掛金

モデルとなる加入者の年金給付に対して，拠出された資産が予定利率どおりに運用されれば，数理債務と同額の年金資産が存在します。

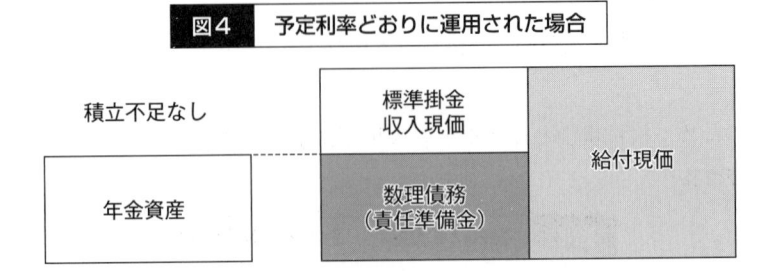

図4　予定利率どおりに運用された場合

積立不足なし

年金資産	標準掛金収入現価	給付現価
	数理債務（責任準備金）	

しかし，予定利率どおりに運用されなかった場合，特に予定利率を下回る運用しかできない場合には，積立不足が生じます。この積立不足はこのままでは年金給付の不足を招いてしまいますので，何らかの形で賄わなければなりません。この積立不足のことを年金財政計算上の「特別掛金収入現価（過去勤務債務等）」といい，これを補うための掛金を「特別掛金」といいます。

図5　予定利率どおりに運用されなかった場合

積立不足あり

特別掛金収入現価（過去勤務債務等）	標準掛金収入現価	給付現価
年金資産	数理債務（責任準備金）	

7 特別掛金は積立不足の償却額

特別掛金収入現価は一定の年数で償却することが法律で求められています。

〔定額償却〕

* 給与の一定割合として一定の年数で償却する方法
* 年間償却額を定めて償却する方法

〔定率償却〕

* 残高の一定率を償却する方法

Q46 標準掛金の計算例について教えてください

Answer
モデル社員の設例を用意しましたので参考にしてください。

――― 解　説 ―――

1　前　提

　20歳で入社すると同時に年金制度に加入したモデル社員A氏がいます。年金規約によると，定年退職する60歳以降に10年間にわたり年額50万円の確定年金が支払われます。予定される運用収益率（予定利率）は年換算で5％とします。また，給付利率も5％とします。

図1　モデル社員の掛金運用と年金給付のイメージ

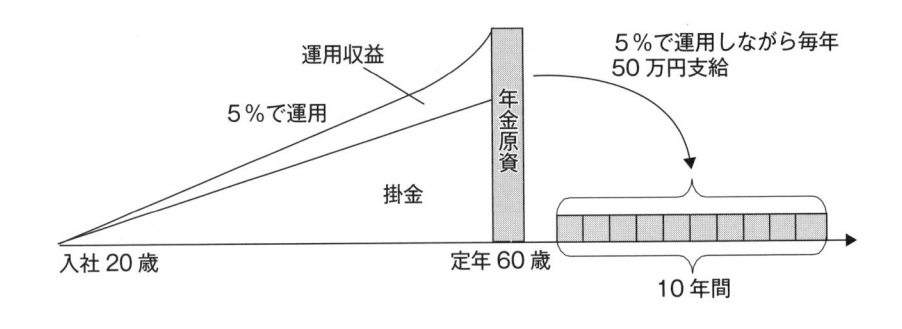

第5章　年金財政計算と退職給付会計との関係

2　10年間にわたって年額50万円の年金を支払うための年金原資

　定年以降10年間にわたって毎年50万円の年金を支払いますが，給付利率5％で運用しながら支給しますので，定年時には500万円（50万円×10年）よりも少ない386万円の年金原資を用意します。

　参考までに計算式は次のようになります。

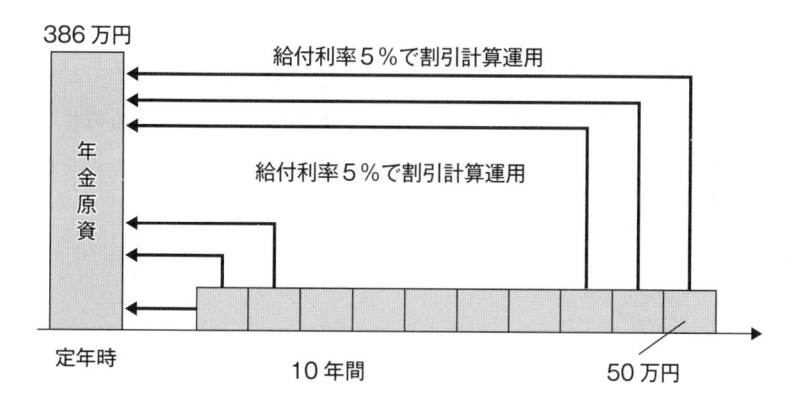

$$50万円 \div (1+0.05) + 50万円 \div (1+0.05)^2 + \cdots + 50万円 \div (1+0.05)^{10} \fallingdotseq 386万円$$

図2　年金原資の計算イメージ

3　年金原資386万円を40年間で積み立てるための掛金額

　定年時に386万円の年金原資を確保するために掛金を拠出します。掛金は40年間運用しながら積み立てますので，96,500円（386万円÷40年）より少ない31,954円の掛金を拠出すればよいことになります。

　参考までに計算式は次のとおりです。

$$386万円 \div \{(1+0.05) + (1+0.05)^2 + \cdots + (1+0.05)^{40}\} \fallingdotseq 31,954円$$

図3 掛金の計算イメージ

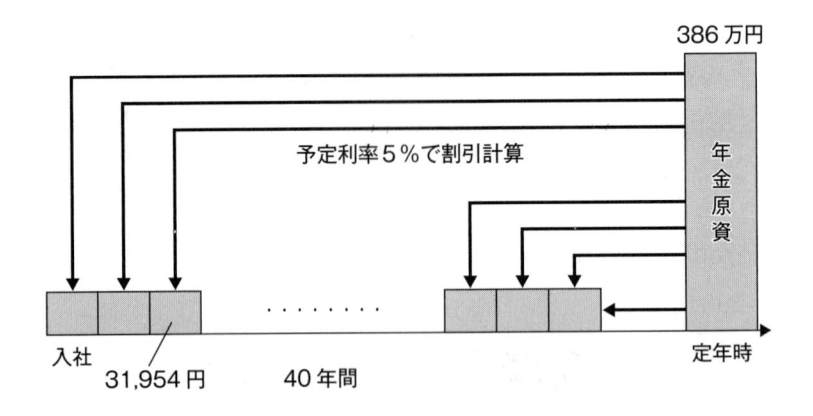

　A氏が定年を待たずに退職したり年金受給完了するまで死亡したりしないと仮定すれば，A氏をモデルとした場合の標準掛金は，31,954円となります。

　掛金31,954円は他のすべての従業員に適用され，5％で運用しながら拠出と給付を行います。

Q47

確定給付企業年金制度や厚生年金基金制度の加算部分では，加入年齢方式という財政方式が一般的ということですが，「財政方式」について教えてください

Answer

財政方式とは，年金財政において年金制度から支給する給付を賄うために必要な拠出資金の調達計画をいいます。加入年齢方式は財政方式の一つです。

―― 解　説 ――

1　賦課方式と積立方式

財政方式には，大きく賦課方式と積立方式があります。これらの違いは，積立金を有するかどうかにあります。

2　賦　課　方　式

賦課方式とは，原則として積立金を有しません。ある期間の年金給付に必要な資金は，その期間の掛金や保険料で調達することになります。

国民年金や厚生年金は，いわゆる世代間扶養といって現役世代が年金給付を賄うため賦課方式が採用されています。実際には，積立金を一部有していますので「修正賦課方式」といわれています。

図1　賦課方式のイメージ

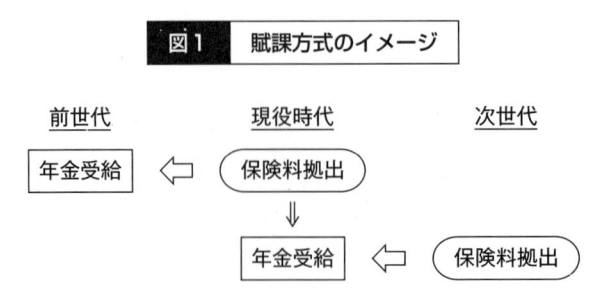

前世代　　現役時代　　次世代

年金受給 ⇐ 保険料拠出
　　　　　　　↓
　　　　　年金受給 ⇐ 保険料拠出

3　積立方式

　一般に，個人年金や企業年金は積立金を有する積立方式を採用しています。将来において個人が給付を受ける年金は，個人が自ら拠出する掛金を積み立ててこれを原資にするという考え方です。

　企業年金でいえば，世代別に将来の給付に必要な資金を，事前に積み立てておくことになります。退職時までに給付原資を積み立てる方法を特に「事前積立方式」といいます。

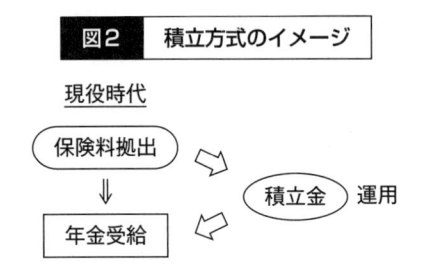

図2　積立方式のイメージ

現役時代

保険料拠出 ⇒ 積立金　運用
　↓　　　　⇐
年金受給

4　事前積立方式

　事前積立方式は，「単位積増方式」と「平準積立方式」に分けられます。これらの大きな違いは，毎期拠出する掛金額が一定かどうかにあります。

第5章　年金財政計算と退職給付会計との関係

5　単位積増方式

「単位積増方式」は，加入期間を一定期間で区切り，将来給付される年金額をその期間数で分割し，期間が経過するごとに分割された年金給付額を割引率で計算した年金現価を積み立てるものです。

そのため，「単位積増方式」では，加入者の年齢が上がるにつれて掛金が高くなります。

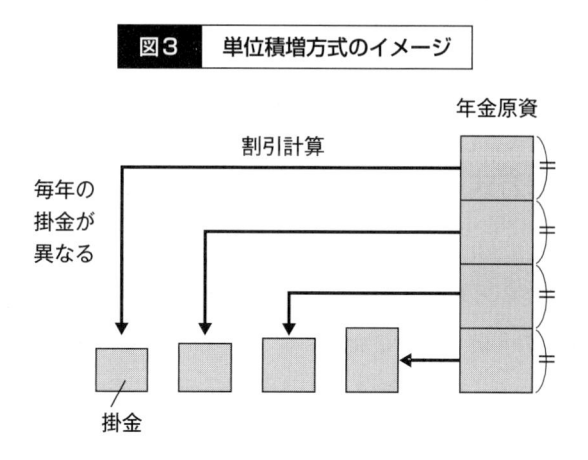

図3　単位積増方式のイメージ

6　平準積立方式

「平準積立方式」は，年金給付を賄うためのコストである掛金を全期間にわたり平準化して負担するものです。この方式の代表的なものが「加入年齢方式」です。その他にも「総合保険料方式」，「個人平準保険料方式」，「到達年齢方式」などがあります。

図4　平準積立方式のイメージ

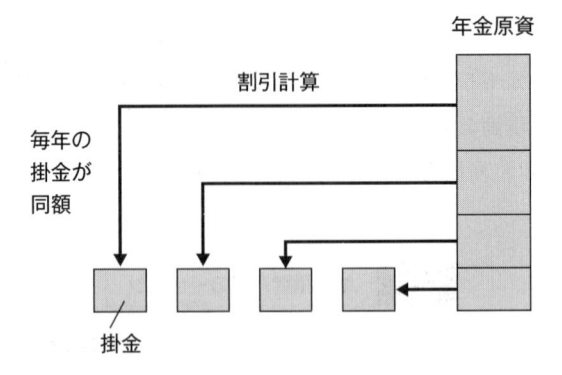

7　加入年齢方式

「加入年齢方式」とは，将来の年金給付を賄うのに必要な原資を平準掛金によって積み立てていく年金財政方式です。

標準的な特定の年齢で制度に加入する「標準者」（モデル）について，収入と支出が相応するように平準掛金を算定します。

このモデルで算定した平準掛金を，「正常費用」（「標準掛金」）として制度の全加入者に対して一律に適用します。

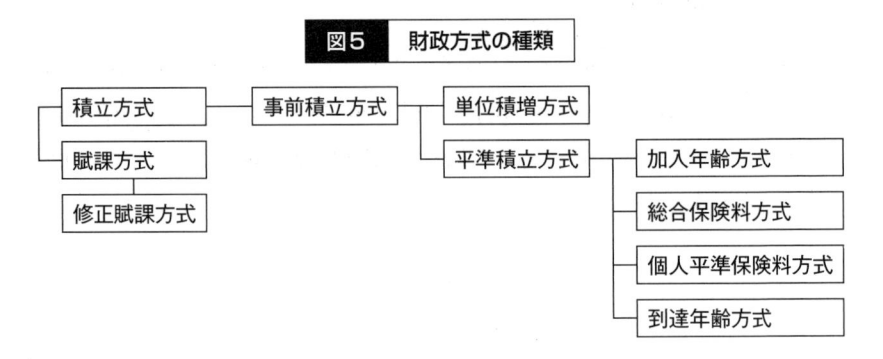

図5　財政方式の種類

Q48

年金財政計算における「予定利率」について教えてください

Answer

予定利率は年金財政計算で設定される計算基礎率の一つで，将来の給付額を現在価値に割り引く割引率です。

―― 解 説 ――

1 割引率であり期待運用収益率でもある予定利率

「予定利率」は，掛金を算定するために将来の年金給付を割り引くために必要となる年金財政計算の重要な計算基礎率です。

また，同時に将来の年金給付を確実なものとするために資産を運用するための長期期待運用収益率でもあります。

そのため，予定利率の水準を決定する際には，長期的な観点から金利や経済の情勢や趨勢を的確に判断し，年金財政計画の対象となる期間における期待運用収益率と整合させることが重要です。

2 予定利率と掛金の関係

予定利率は掛金や年金給付とどのような影響があるのでしょうか。
企業年金の掛金と給付の関係は次のとおりです。

　給付＝掛金＋運用収益

給付建ての制度では，上記の式を変形して，「掛金＝給付－(予定)運用収益」としました。

ここで，予定利率は期待運用収益率ですので，「運用収益＝積立金×予定利率」と表せます。これを先の式に代入すると，掛金は次の式で表すことができます。

掛金＝給付－積立金×予定利率

将来の給付の額は規約などですでに決まっていて変更できないものとします。掛金と予定利率の関係だけを見ると，予定利率が高くなると掛金が小さく，また，予定利率が低くなると掛金が大きくなることがわかると思います。

予定利率を高く設定すると掛金の拠出額を少なくできますが，高い運用収益を得なければなりません。

一方で，予定利率を低く設定すると低い運用収益で十分ですが，その分掛金を多く拠出しなければならなくなります。

3 予定利率を低くすると積立不足が発生（拡大）

先ほどの式からは，予定利率を低くすると掛金が大きくなることがわかりました。今度は，次の式から給付額だけでなく掛金額も変えずに予定利率だけを低くしてみましょう。

給付＝掛金＋積立金×予定利率

すると，積立金から得られる運用収益（＝積立金×予定利率）の額が小さくなってしまい，積立不足が発生することがわかると思います。これは，過去勤務債務等が発生し，追加的に特別掛金を拠出することにつながります。

4　予定利率は下限が決められている

　かつて多くの年金制度の予定利率は5.5%に固定されていましたが，その後の経済状況の影響によって現在は低い水準になっています。

　年金制度によって予定利率を設定することになりますが，あまりに低い予定利率を設定すると毎年の掛金額が大きくなります。年金へ拠出された掛金額は税務上損金算入されますので，過度な損金算入を防止するために現在では予定利率の下限が定められています。

　最近3年の下限は次のとおりです。

2009年度：1.5%
2010年度：1.3%
2011年度：1.1%

Question 49

企業年金制度における「過去勤務債務等」とはどういうものですか。退職給付会計の「過去勤務債務」との違いはありますか

Answer

企業年金制度における「過去勤務債務等」とは，数理債務（責任準備金）に対する年金資産（積立金）の不足額のことをいいます。退職給付会計の「過去勤務債務」とは異なる考え方に基づいたものです。

解　説

1 過去勤務債務等は積立不足

「過去勤務債務等」とは，年金財政計算上の積立不足をいいます。

退職給付会計の「過去勤務債務」は，退職金規程や年金規約の改訂などに伴って発生する退職給付債務の増減額ですので，そもそもの概念が異なっています。

2 過去勤務債務等が発生する状況

過去勤務債務等は次の状況において発生します。

① 財政再計算時の基礎率と実際数値に差があるとき
② 給付の増額や給付水準の改訂時
③ 制度発足時

第5章　年金財政計算と退職給付会計との関係

①については，Q45 で実際の運用収益率が予定利率よりも低かった場合について説明しました。

②については図を使って説明します。

予定利率を変更しないままで，給付額を増額させた場合には，将来給付を割り引いて計算した給付現価が大きくなり，数理債務も大きくなります。

すると，これまで数理債務に見合いで存在していた年金資産が不足することになります。この増減差が過去勤務債務等となります。

図1　給付水準の増額と過去勤務債務等の発生

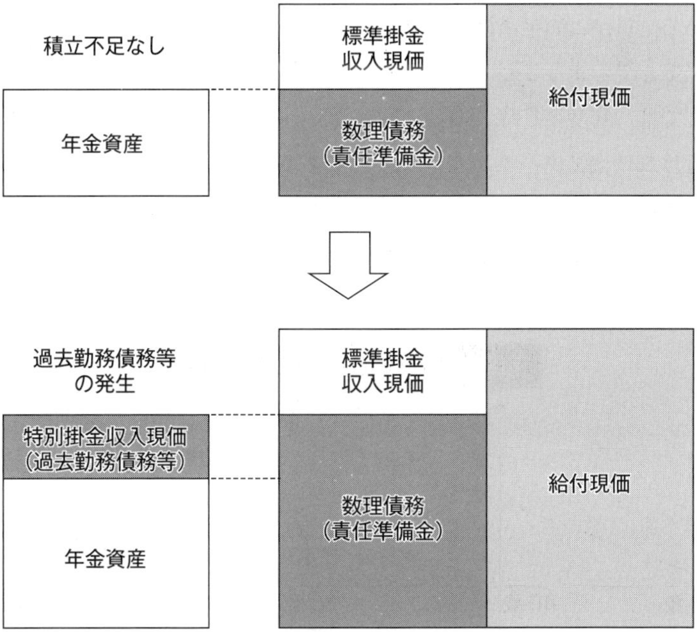

3　制度発足時にも発生する過去勤務債務等

過去勤務債務等は，その名前からすると過去において発生した債務というイメージがあるため，制度がスタートした時にも過去勤務債務等が発生するとい

うのは違和感があると思います。

　これは加入年齢方式の考え方から理解できます。

　単純な設例として，財政方式に加入年齢方式を採用した年金制度を新たにスタートさせる際に，20歳から60歳定年まで40年勤続した場合に，定年時に1,000万円の退職給付を支払うというモデルをおきます。

　加入年齢方式では，このモデルで計算された平準掛金を制度の加入者全員に対して一律に適用し標準掛金とします。

　しかし，新しく制度がスタートしても，全員が20歳からスタートするわけではありません。様々な世代，年齢の加入者が存在するのが通常であり，新制度において全員がこの平準掛金を適用されると，スタート時にやむを得ず積立不足が発生してしまうことがあります。

　図2では，制度発足時に40歳である加入者のイメージを示しています。この加入者は制度がスタートした時から定年までの間に20年間で500万円の積立てしかできないことになります。年金規約等で退職金1,000万円が支給されると定められている場合には，制度のスタート時点ですでに過去勤務債務等が発生していることになります。

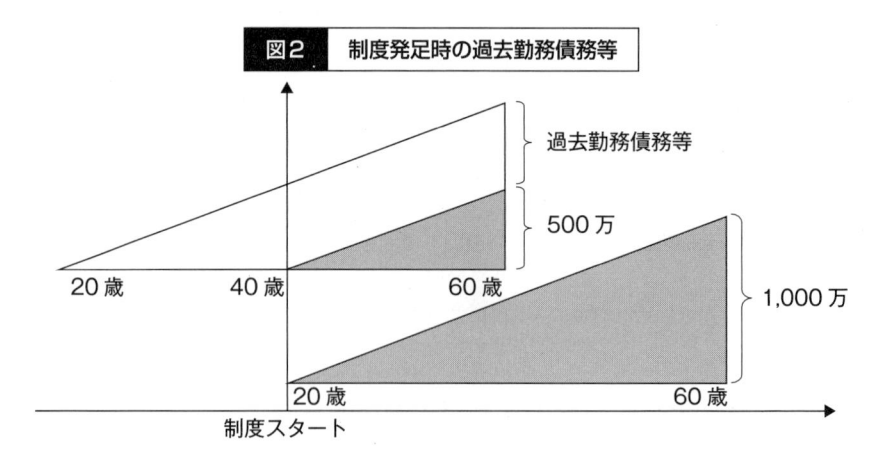

図2　制度発足時の過去勤務債務等

第5章 年金財政計算と退職給付会計との関係

Question 50
年金財政計算と退職給付会計との違いは何ですか

Answer

年金財政計算は年金制度の収支が相応するように平準的になる掛金額を算出します。退職給付会計では将来の給付支出がその発生したと認められる期間に費用計上されるように計算します。

――― 解　説 ―――

1　年金財政計算と退職給付会計の考え方の異同

　年金財政計算では，数理債務と年金資産を比べて積立不足になっている部分（過去勤務債務等）を把握し，特別掛金として償却します。
　一方，退職給付会計では，退職給付債務と年金資産を比べて積立不足になっている部分を未認識債務等として把握し，負債（引当金）として認識します。
　数理債務と退職給付債務は，いずれも「積立目標額」であるため，類似する点があります。

2　数理債務と退職給付債務の異同

　退職給付債務は，将来の給付額のうち現在時点までの勤務により発生したと認められる額を現在価値に割り引いて計算した額です。
　これは，将来の給付額を割り引いた「給付現価」から，将来の勤務により発生するであろう給付の現在価値を控除した部分に相当します。

図1　退職給付債務と給付現価

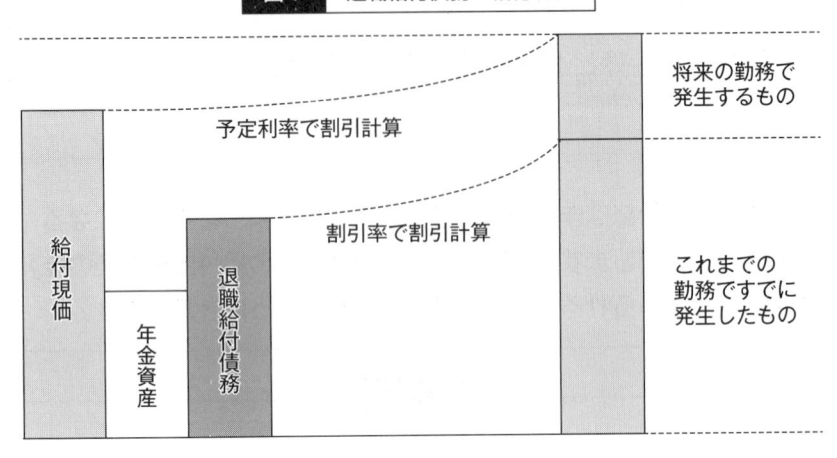

（図：給付現価、年金資産、退職給付債務、予定利率で割引計算、割引率で割引計算、将来の勤務で発生するもの、これまでの勤務ですでに発生したもの）

　数理債務は，将来の期間で得られる掛金収入の現在価値を給付現価から控除した部分に相当します。

　基礎率などの計算の前提が同じなら，退職給付債務の給付現価と数理債務の給付現価は同額になります。

　その場合には，退職給付債務と数理債務の差は，「将来の勤務により発生する給付の現在価値」と「将来の期間で得られる掛金収入の現在価値」との差に相当することになります。

図2　退職給付債務と数理債務の異同

数理債務：標準掛金収入現価、数理債務（責任準備金）、給付現価

退職給付債務：将来の勤務により発生するもの、退職給付債務、給付現価

第5章　年金財政計算と退職給付会計との関係

3　標準掛金と勤務費用

具体的に，数理債務と退職給付債務の違いを考えるために，1年間のそれぞれの増加額について考えてみます。

まず，退職給付会計では，以下のように考えます。

【計算式①】

期首退職給付債務＋当期勤務費用＋当期利息費用－当期給付額
＝期末予測退職給付債務

（ Q17 図1参照）

退職給付会計では，期末の数理計算によって計算した実際の退職給付債務と期末予測退職給付債務の差を数理計算上の差異として認識しますが，仮に，基礎率などが予定どおりとした場合には期末の退職給付債務は予定の退職給付債務に一致します。

次に，年金財政では，次のように考えます。

【計算式②】

期首数理債務＋当期拠出標準掛金＋予定利率による増加額－当期給付額
＝期末予想数理債務

（ Q17 図2参照）

「予定利率＝割引率」と仮定すると，①と②で異なっているのは「当期勤務費用」と「当期拠出標準掛金」ということがわかります。

つまり，年金財政計算と退職給付債務では，掛金と勤務費用がそれぞれどのように決まるか（計算されるのか）で異なります。

- 169 -

4 勤務費用と標準掛金の費用配分方法

退職給付会計の費用配分方法は,「発生給付評価方式」といわれています。

総退職金額である将来の給付額を発生する期間に按分して,割引計算を行います。採用する期間配分方法にもよりますが,基本的に各期で発生する勤務費用の金額は異なります。一般的な退職金規程等では,勤務の後期によりコストがより配分されるため勤務費用が大きくなります。

図3では,期間定額基準による配分を前提としています。

図3　退職給付会計の費用計算

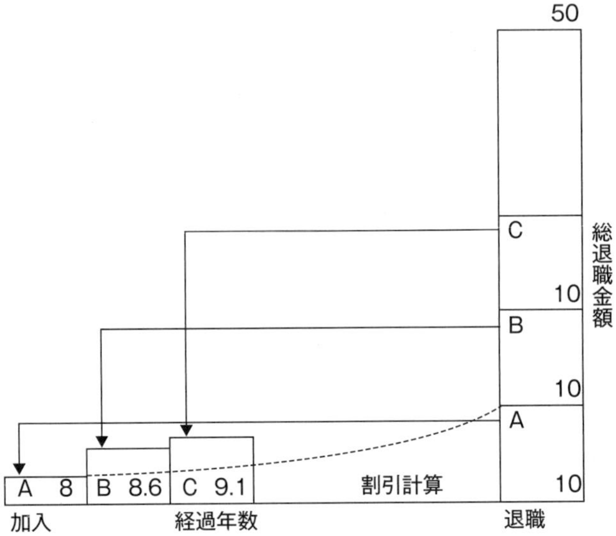

```
                                              50
                                          ┌──────┐
                                          │      │
                                          │      │
                                          │      │ 総
                                          │  C   │ 退
                                          │      │ 職
                                          ├──10──┤ 金
                                          │  B   │ 額
                                          ├──10──┤
                                          │  A   │
              ┌──┐┌──┐                    ├──10──┤
         ┌─→ │A 8││B 8.6││C 9.1│ 割引計算      10
          加入      経過年数              退職
```

年金財政計算の費用配分方法は,「予測給付評価方式」と呼ばれています。

標準掛金は,年金制度に加入した時点から退職時にわたる期間に対して給与の一定割合として平準的に定められます。

つまり,総退職金額全体を加入時点まで割引計算したものを,加入から退職までの期間にわたって一定額となるように掛金を計算します。

第5章　年金財政計算と退職給付会計との関係

図4　年金財政計算の費用（掛金）計算

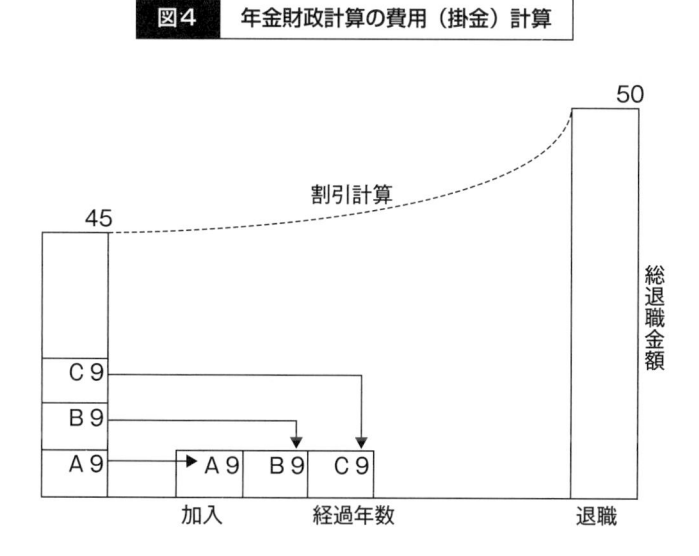

5　勤務費用と標準掛金の推移

　勤務費用は時の経過とともに増加する一方で，標準掛金は平準的か又は一定割合の増加になります。掛金は会計における発生主義とは無関係であることが理解できると思います。

図5　勤務費用と標準掛金の推移

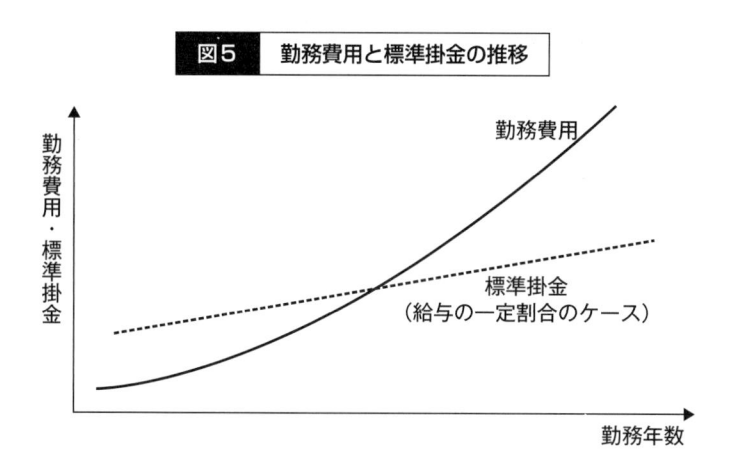

第6章 過去勤務債務と数理計算上の差異

Q51

過去勤務債務や数理計算上の差異の費用処理方法や費用処理年数は変更することができますか

Answer

いったん採用した費用処理方法や費用処理年数を変更するには「合理的な理由」が必要になります。

解　説

1 費用処理に関する会計方針

過去勤務債務や数理計算上の差異は，会社の会計方針に従って一定の期間内に費用処理しなければなりません。そのために，会社はそれらの費用処理方法と費用処理年数，さらにはいつから費用処理を開始するかについての方針を決めておく必要があります。

決めておかなければいけない方針には，次のものがあります。

費用処理方法	定額法か定率法か
費用処理年数	何年にするか
費用処理開始時期	当期からにするか来年からにするか（数理計算上の差異）
表示	特別損益に計上する金額基準等（過去勤務債務）

2 会計方針を変更することが認められる場合

　過去勤務債務及び数理計算上の差異の費用処理に関する会計方針は，いったん採用したものを継続して適用することが求められています。会計方針の変更については，合理的な理由がない限り認められません。

　過去の実務においては，利益操作目的と思われるような変更の事例が少なくなく，公認会計士協会からも未認識数理計算上の差異等の費用処理方法等の変更について注意喚起する通達が出されています。

　特に，定額法と定率法の間の変更及び費用処理の開始時期の変更については，数理計算上の差異の性格を鑑みても，費用処理方法を変更するに値する「合理的な理由」が見当たらないとされています。

　合理的な理由の例としては，大量退職等によって平均残存勤務期間が著しく延長又は短縮された場合に費用処理年数を変更する場合や，会社の合併や分割等によって費用処理方法を統一する場合などが考えられます。しかし，このような特定のケースを除いて，通常のケースでは「合理的な理由」は見出しがたいことが一般的です。

第6章　過去勤務債務と数理計算上の差異

Q52 Question
平均残存勤務期間が変動した場合には費用処理年数はどうなりますか

Answer
平均残存勤務期間が変動した場合には，未認識項目の費用処理年数を変更しなければならない可能性があります。この場合には，会計方針の変更になるケースと，見積りの変更になるケースがあります。

――― 解　説 ―――

1　過去勤務債務と数理計算上の差異の費用処理年数

過去勤務債務と数理計算上の差異の費用処理年数については，次の三つの方法のうちいずれかを会計方針として採用し，継続して適用することになります。

① 発生時に一括費用処理
② 平均残存勤務期間での費用処理
③ 平均残存勤務期間以内の任意の年数での費用処理

これらの方針を変更すると会計方針の変更になります。そのため，いったん採用した方法から他の方法へ変更するには，合理的な理由が必要となります。

では，平均残存勤務期間そのものが延長又は短縮した場合にはどのような取扱いになるのでしょうか。

2 発生時に一括費用処理している場合

発生した期に全額を一括して費用処理する方法を採用している場合には，大量退職等によって平均残存勤務期間が変動しても，費用処理年数を変更することは認められません。

これは，退職給付会計の基準が遅延認識と「平均残存期間以内の一定の期間」での費用処理を認めているにもかかわらず，会社はあえて発生した期での全額費用処理を選択していると考えられます。そのため，平均残存勤務期間の年数にかかわらず一括費用処理の方針を継続して適用することが合理的と考えられます。

3 平均残存勤務期間で費用処理している場合

費用処理年数として平均残存勤務期間を採用している場合には，平均残存勤務期間の変動に合わせて実際の費用処理年数が変動することになります。

たとえば，もともと平均残存勤務期間が12年の場合に12年で費用処理している場合に，平均残存勤務期間が10年に短縮した場合には費用処理年数も連動して10年となります。逆に，15年に延長した場合には15年で費用処理を行うことになります。

これは会計方針の変更にはあたりません。特に平均残存勤務期間が短縮した場合には未認識項目の期首残高の費用処理年数が変更されますので，会計事実の変更に伴う会計上の見積りの変更として取り扱われます。

4 平均残存勤務期間以内の任意の年数で費用処理している場合

平均残存勤務期間以内の一定の年数を費用処理年数として採用している場合には，会社の判断のもとに実際の費用処理年数を決定していると考えられます。平均残存勤務期間が費用処理年数よりも短縮した場合を除いて，平均残存勤務期間以内で費用処理年数を変更すると会計方針の変更にあたります。

第6章 過去勤務債務と数理計算上の差異

具体的には以下のようになります。

① 平均残存勤務期間＜費用処理年数　となった場合

たとえば，平均残存勤務期間12年，費用処理年数10年であった場合で，リストラ等によって平均残存勤務期間が8年に短縮したときに，費用処理年数を8年に変更します。

この場合は，費用処理年数を平均残存勤務期間以内にするためにやむを得ず変更するものですので，会計方針の変更にはあたらず，会計事実の変更に伴う会計上の見積りの変更になります。

② 平均残存勤務期間＞費用処理年数　の場合

平均残存勤務期間が短縮しても，もともとの費用処理年数よりも長い場合や，平均残存勤務期間が延長する場合など，平均残存勤務期間の変動が費用処理年数に影響を与えないような場合に会社が意図的に費用処理年数を変更すると会計方針の変更になります。

そのため，合理的な理由がない限り，費用処理年数を変更できません。

以上をまとめると，表のようになります。

表　費用処理年数の変更に係る取扱い

費用処理年数の方法	左記の方法の中での年数の変更	①～③間での変更
① 発生年度に全額を費用処理する方法	－	費用処理年数に係る決定方法の変更であり，会計処理方法の変更となる
② 平均残存勤務期間を費用処理年数とする方法	平均残存勤務期間という会計事実の変更に伴う変更であり，会計処理方法の変更ではない	
③ 平均残存勤務期間以内の一定の年数を費用処理年数とする方法	平均残存勤務期間が「一定の年数」より短くなったことを要因として費用処理年数を変更する場合は，会計事実の変更に伴う見積りの変更であり会計処理方法の変更ではないが，その他の理由による変更は会計処理方法の変更となるため，「合理的な理由」が必要となる	

Q53

「費用処理年数＝平均残存勤務期間」とする会計方針を採用している場合に、平均残存勤務期間が短く（長く）なった場合の会計処理について教えてください

Answer

定額法と定率法のどちらを採用しているかにもよりますが、基本的に、変更前後の年数のいずれか短い期間に基づく額又は率によって費用処理します。

― 解　説 ―

1　基本的な考え方

　過去勤務債務や数理計算上の差異の費用処理年数を平均残存勤務期間としている場合に、平均残存勤務期間が延長又は短縮すると、これに合わせて費用処理年数が変更されることになります。

　費用処理年数が変更された場合、当期から新たに費用処理することになる過去勤務債務や数理計算上の差異は問題になりませんが、前期以前の期間に発生した未認識過去勤務債務や未認識数理計算上の差異の残高については、これまでの費用処理年数との関係から影響が生じることになります。

　費用処理年数を変更した場合の未認識項目の期首残高についての会計処理の考え方を表にまとめてみました。

第6章 過去勤務債務と数理計算上の差異

表　費用処理年数が変更された場合の考え方

	定額法	定率法
費用処理年数が短縮するケース	1．新しい年数からすでに経過した年数を差し引いた期間で費用処理する 2．1で計算した年数がゼロかマイナスとなる場合には，期首残高は一括費用処理する	未認識項目の期首残高に対して，新しい年数に基づく率を乗じた額を費用処理する
費用処理年数が延長するケース	変更前の年数に基づく額を残りの期間で継続して費用処理する	変更前の年数に基づく率を乗じた額を費用処理する

2　費用処理年数変更の場合の設例

未認識項目の期首残高の費用処理方法について，数値を用いると理解しやすいと思います。

① 費用処理年数が短縮するケース

前期以前10年　⇨　当期以前8年

（定額法）

10年のうちすでに3年が経過していれば，残りを5年（8年－3年）で処理します。

仮に，8年が経過していれば，残りを一括処理します。

（定率法）

8年に基づく率を乗じた額を処理します。

② 費用処理年数が延長するケース

前期以前8年　⇨　当期以降10年

（定額法）

これまでどおり8年で期間按分した額を費用処理します。

（定率法）

これまでどおり8年で償却する場合の率を乗じた額を費用処理します。

Question 54

過去勤務債務と数理計算上の差異の費用処理については，当期から行うか翌期から行うかということも方針として決めなければいけませんか

Answer

費用処理の開示時期も重要な会計方針ですので，いったん決定したものは継続して適用することになります。

―― 解　説 ――

1 過去勤務債務の費用処理の開始時期

過去勤務債務は退職給付水準の変更や退職金規程の改訂によって発生します。これは，従業員の勤務に影響を与えることなどを理由として，改訂のあった期から費用処理を開始することになります。

そのため，過去勤務債務については，費用処理の開始時期についての方針は定める必要はありません。

2 数理計算上の差異の費用処理の開始時期

他方で，数理計算上の差異は退職給付会計における数理計算のロジックによって発生するもので，原則としてすべての会社において期末にやむを得ず発生するものです。そのため，数理計算上の差異は，発生した期又はその翌期からの費用処理が認められています。

したがって，数理計算上の差異の費用処理については，いずれの期から開始するか方針として定めておく必要があります。

3 数理計算上の差異の費用処理の開始時期

　数理計算上の差異は原則として期末の数理計算の結果が出てから把握されます。通常，数理計算は加入者全員の膨大なデータを整備して計算されますので，時間がかかります。

　また，上場会社などは決算発表が早まっていることもあり，連結グループ会社全体の数理計算の結果を把握したうえで，数理計算上の差異の当期発生額を当期に費用として処理すると，決算数値の確定処理が間に合わないこともあります。

　そのため，数理計算上の差異は発生した期の翌期から費用処理を開始している会社が一般的なようです。

Q55

数理計算上の差異の費用処理にあたっては，定額法と定率法のどちらを選択すべきでしょうか

Answer

定額法では費用処理終了まで発生額と未処理残高を発生年度ごとに記録・把握する必要があります。定率法では前期末の未処理残高の合計さえ把握していれば当期の費用処理額の計算が可能です。どちらもそれぞれ特徴がありますので，会社の費用処理方針と管理の観点から決定することになります。

解　説

1　定額法の特徴

　定額法は数理計算上の差異を毎期均等に費用処理する方法です。たとえば，当期に数理計算上の差異を100把握して5年間で費用処理する場合には，5年間にわたり毎期20だけ費用処理していくことになります。

　数理計算上の差異は基本的に毎年発生しますので，各年度に発生した数理計算上の差異をその発生年度ごとに記録しておく必要があります。極端なケースでは費用処理年数が10年以上のケースでは10年以上前の記録を引き継いで保管しておくことになります。

2　定率法の特徴

　定率法は数理計算上の差異を毎期一定の割合で費用処理する方法です。たとえば，当期に数理計算上の差異を100把握して5年間で費用処理する場合には，1年目には100に償却率0.369を乗じた37を，2年目には未処理額63（＝100－

37）に0.369を乗じた23を費用処理していくことになります。

　定率法は毎期一定率を乗じる計算ですので，各年度の発生額は把握する必要はなく，前年度までの未処理残高さえ把握していれば当期の費用処理額は計算できます。

3 具体的な計算例

　設例を作りましたので，定額法と定率法の特徴をつかんでください。

【計算の条件】

数理計算上の差異の発生状況は以下のとおりです。

×1年度末：　　600
×2年度末：△1,000
×3年度末：　　800
×4年度末：△300
×5年度末：　　500

　費用処理年数は5年で定率法の償却率は0.369で，発生した年度の翌年度から費用処理を開始します。

【解答】

定額法

	金額	1 ×2年度	2 ×3年度	3 ×4年度	4 ×5年度	5 ×6年度	6 ×7年度	7 ×8年度
×1年末発生分	600	(120)	(120)	(120)	(120)	(120)		
×2年末発生分	(1,000)		200	200	200	200	200	
×3年末発生分	800			(160)	(160)	(160)	(160)	(160)
×4年末発生分	(300)				60	60	60	60
×5年末発生分	500					(100)	(100)	(100)
各年度の償却額		(120)	80	(80)	(20)	(120)	−	(200)
各年度の残高		480	(440)	280	(40)	340	340	140

定率法
5年の償却率　0.369

	金額	1 ×2年度	2 ×3年度	3 ×4年度	4 ×5年度	5 ×6年度	6 ×7年度	7 ×8年度
×1年末発生分	600							
×2年末発生分		(1,000)						
×3年末発生分			800					
×4年末発生分				(300)				
×5年末発生分					500			
各年度の償却額		(221)	229	(151)	16	(175)	(110)	(70)
各年度の残高	600	(621)	408	(43)	473	299	188	119

　定額法では，発生年度ごとの費用処理金額は定額になりますが，各年度の費用処理額合計はバラつきが大きくなる可能性もあります。

　一方，定率法では，×2年度のように単年度で大きい差異が発生するとその翌年度には損益に与える影響が大きくなりますが，費用処理がすすむと発生額に増減がある場合でもその後の費用処理額合計の変動は収束していく傾向にあるといえます。

　以上の様子をグラフにすると以下のとおりとなります。

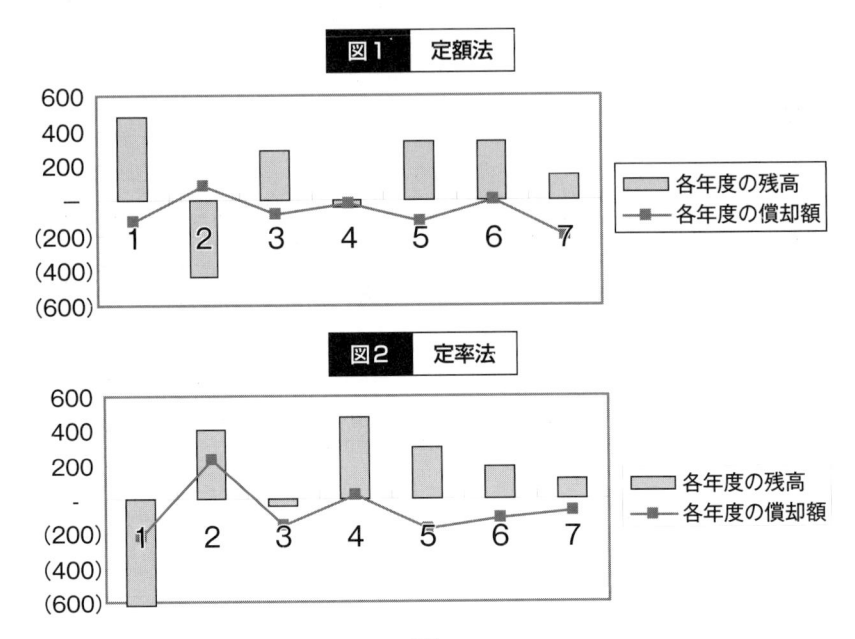

図1　定額法

図2　定率法

第7章 年金資産

Question 56
どのようなものが年金資産として認められますか

Answer
企業年金制度の年金資産として年金規約等で定められ，退職給付の給付だけにしか使われないことなどが明らかなものが年金資産になります。

解 説

1 年金資産の定義

年金資産とは，企業年金制度に基づいて，退職給付に充てるためだけに積み立てられている資産で，もっぱら退職給付制度の受給者等に対する給付の支払いに充てられるものと定義されています。

具体的に，退職給付会計において年金資産とは，厚生年金基金制度，適格退職年金制度，確定給付型企業年金制度において保有する資産ということになります。

2 年金資産の要件

退職給付会計において年金資産として認められる各種年金制度の年金資産は，どのような要件を満たしているのでしょうか。

退職給付会計では，特定の退職給付制度のために企業と従業員との契約（退

職金規程等）に基づいて，以下のすべての要件を満たした特定の資産を，年金資産とみなすという取扱いをしています。

① 退職給付以外に使用できない
② 事業主及び事業主の債権者から法的に分離されている
③ 積立超過分を除き，事業主への返還，事業主からの解約や目的外の払出し等が禁止されている
④ 事業主の資産と交換できない

第7章　年金資産

Q57

年金資産の範囲について具体的に注意すべき点があれば教えてください

Answer

年金資産に含まれるかどうかは個別に判断することになります。退職給付会計に係る会計基準等に基づいて具体例を示しましたので参考にしてください。

――― 解　説 ―――

1　適格退職年金制度の剰余金

　適格退職年金制度の適格要件には，剰余金が生じた場合には，その全額を掛金に充当するか，事業主に返還しなければならないことになっています。
　この法人税法上の規定に基づいて，年金財政において積立てが超過となっている場合に事業主に返還される資産は，事業主に返還されるまでは年金資産の範囲に含めます。

2　厚生年金基金制度の別途積立金

　別途積立金は年金財政運営上生じている剰余金であり，将来の掛金への充当や退職給付債務の支払いに利用することができますので，年金資産の範囲に含めます。
　厚生年金基金の決算で積立金が将来の給付のために必要な額（責任準備金）を上回る場合に，その上回った剰余分を別枠で積み立てたものが別途積立金です。これは，年金数理計算の基礎率よりも実績が上回った場合などに発生します。

この別途積立金は，(1)決算上の不足金が生じたとき，(2)財政検証時に掛金率の上昇を抑えるとき，(3)給付改善を行うとき，などに取り崩すことができます。

3 企業年金制度の未収掛金

会社から年金基金等へ拠出する掛金のうち未収となっているものについては，原則として年金資産の範囲に含めます。

ただし，事業主が財務諸表において掛金を未払計上している場合には，会社側の退職給付引当金がその分減少していますので，その未払いの金額が限度になります。

4 厚生年金基金制度等の業務経理

事業主負担の事務費掛金によって運営され，基金の業務を賄うための経理にかかる費用ですので，年金資産の範囲には含めません。

Question 58

年金資産の期末の評価はどのように行いますか

Answer

退職給付会計においては,年金資産は期末における時価によって評価します。

― 解 説 ―

1 時価によって評価する

退職給付会計では,年金資産の額は,期末における時価(公正な評価額)により計算することになっています。

2 時価とは「公正な評価額」

年金資産の額は期末における時価により計算するのですが,この場合の時価は,公正な評価額によることになっています。

公正な評価額とは,「資産取引に関して十分な知識と情報を有する売り手と買い手が自発的に相対取引するときの価格によって資産を評価した額」ということになっています。

3 時価の把握の仕方

通常は,信託銀行や生命保険会社等の運用受託機関が年金資産を管理しています。そのため,期末日現在の年金資産の時価評価額を計算する際には,これらの受託機関から時価情報を入手して,期末残高を確認することになります。

Q59 Question

厚生年金基金制度や確定給付年金制度でも財政決算で時価評価をしていると聞きますが、これを会計に利用できませんか

Answer

そのままでは利用できません。確定給付企業年金制度等の財政決算日は財務会計の決算日と異なることがあります。また、財政決算での年金資産の時価は、会計上の時価である公正な評価額とは異なる評価がされていることがあります。

解 説

1 確定給付年金制度などの財政決算日

企業年金制度の財政状態を評価し、財政が健全であるかどうかについて評価するために財政決算を毎年行います。

厚生年金基金の事業年度は4月1日から翌年3月31日までの1年間です。確定給付企業年金と適格退職年金では決算期は任意に設定できます。

2 継続基準と非継続基準

財政決算では、財政の健全性を検討するために、継続基準と非継続基準により検証を行います。その年度の収支を比べるだけでなく、将来の給付と費用(掛金)のバランスを検証します。

継続基準では、数理計算によって給付債務を推計するとともに財産決算を行って年金資産を確定します。そして、数理債務(責任準備金)と年金資産を比較して財政決算日の積立不足を明らかにします。

非継続基準は，仮に企業年金が解散した場合に必要な積立額（最低積立基準額）を年金資産が超えているかどうかを検証するものです。

3 「数理的評価」

確定給付企業年金及び厚生年金基金では，時価以外に数理的評価額という方式を用いて年金資産を評価することがありますが，この数理的評価額は退職給付会計でいう時価には該当しませんので注意が必要です。

数理的評価額とは，年金資産の運用収益のうちに，中長期的な観点から「基準収益」を設定して，それと時価ベースの収益との差額について，一定の平滑化期間にわたって繰り延べて計上することです。

時価の一部を評価額としながらも，時価の短期的な変動をある程度緩和することが可能になります。基準収益の考え方によって，「時価移動平均方式」「収益差平滑化方式」「評価損益平滑化方式」の三つの方式があります。

Q60uestion

年金資産が退職給付債務を超過した場合はどうすればいいですか。複数の退職金制度がある場合には合算してもいいのですか

Answer

　年金資産の時価と退職給付債務を比べて不足がある場合には貸借対照表に退職給付引当金を計上し，超過している場合には資産として計上します。また，会社が複数の退職金制度を設けている場合で，それぞれ引当金と資産（前払年金費用）が計上されているケースでは，これを合算することができません。

――――――解　説――――――

1　年金資産の積立不足と積立超過

　Q13で説明したとおり，退職給付債務に対して年金資産が積立不足の状態にある場合には引当金が計上されることになり，一方で積立超過の状態にある場合には前払年金費用が計上されます。これは，未認識数理計算上の差異や未認識過去勤務債務を加減した場合でも同様です。
　では，複数の退職給付制度を採用している場合に，引当金と前払年金費用のそれぞれに計上されている場合には，会計上どのように考えればいいのでしょうか。

2　積立不足と積立超過が存在している場合

　複数の退職給付制度を採用している場合で，一つの制度では引当金を計上し，もう一方の制度では前払年金費用を計上しているときには，これらを合算して

貸借対照表において純額処理することはできません。

3 引当金と前払年金費用を合算できない理由

　退職給付制度は，定められた退職金規程や年金規約に基づいて給付額と掛金の計算が行われ，それぞれの規程や規約に従って給付を支払います。会社はそれぞれの退職給付制度のもとで計算された支払義務を従業員に負っており，年金資産はそれらの制度ごとに設定されています。

　そのため，通常は一方の退職給付制度の年金資産を，別の退職給付制度の積立不足に充当できないことになっています。

　退職給付会計においては，これらの状況を反映するために，それぞれの退職給付制度ごとに退職給付引当金の計算を行います。そして，一方の年金資産を別の退職給付制度に充当することができないのであれば，会計上もそれぞれの制度で生じている引当金と前払年金費用を合算して純額処理することができないと考えています。

Q61 Question

退職給付信託についても年金資産として認められるそうですが，どのような資産が退職給付信託として設定できますか

Answer

退職給付信託に拠出できる資産は，上場有価証券のように時価の算定が客観的かつ容易であり，換金性の高い資産であることが求められています。土地などの有形固定資産は，拠出対象資産としては適当ではないと考えられています。

解　説

1　退職給付信託とは

退職給付信託とは，企業が保有する金銭や有価証券等の資産を信託の形で拠出し，その信託財産をもって退職給付の支払いや年金制度の掛金拠出に充てるものをいいます。

信託資産から生じる配当金や信託資産の売却代金は，原則として退職給付の支払いや年金制度の掛金拠出以外には充てることができません。

2　退職給付信託が年金資産として認められるための要件

退職給付信託は，企業年金の積立不足を解消することを目的としていますので，年金資産としての要件を満たす必要があります。

退職給付会計では，次の要件をすべて満たしている場合には，年金資産に該当することとしています。

第7章　年金資産

図　退職給付信託のスキーム

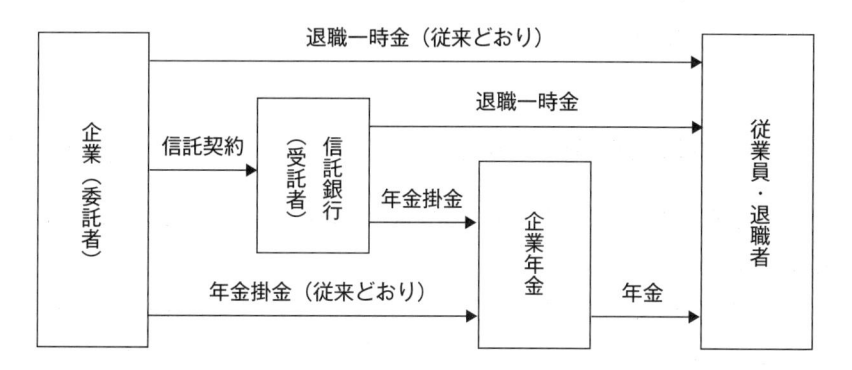

```
                    退職一時金（従来どおり）
企業 ──────────────────────────────────→ 従業員・
（委託者）    信託契約  信託銀行   退職一時金      退職者
        ────→（受託者）──────────────→
                      年金掛金   企業年金   年金
                      ────→            ────→
        年金掛金（従来どおり）
        ──────────────────→
```

（年金資産として認められるための要件）

① 信託が退職給付に充てられるものであることが退職金規程等により確認できること

　　⇒企業年金のみならず，退職一時金に対しても設定が可能となります。

② 信託財産を退職給付に充てることに限定した他益信託であること

　　⇒事業主が受益者となることはできません。

③ 信託が事業主から法的に分離されており，信託財産の事業主への返還及び受益者に対する詐害的行為が禁止されていること

　　⇒事業主が倒産した場合でも年金資産は給付のために確保されます。

④ 信託財産の管理・運用・処分については，受託者が信託契約に基づいて行うこと

　　⇒原則として事業主による資産の入替えはできません。

　　特に，④については，以下の点について留意する必要があります。
　　　ア．事業主から独立した信託管理人を設定すること
　　　イ．信託資産の処分等の指示について受託者が拒否できる契約にすること
　　　ウ．事業主が自由に信託資産の入替えをできないようにすること

なお、設定時に信託資産及び年金資産の合計額が対応する退職給付債務を超過する場合には、その設定は認められません。

ただし、設定後に積立超過となった場合には、超過額を取り崩さなければならないということはありません。

3 退職給付信託設定の効果

退職給付信託を設定すると、退職給付制度の年金資産が増加して、退職給付引当金が減少します。

たとえば、ある会社が保有している上場有価証券の簿価は1,000、時価は1,200とします。

この有価証券を信託財産として拠出すると、会社の有価証券の簿価1,000が減少し、同時に時価と簿価の差額200が退職給付信託設定に伴う利益として計上されます。

(借)退職給付引当金 1,200	(貸)有 価 証 券 1,000
	退職給付信託設定益 200

このように、会社の資産を退職給付信託として拠出することによって、年金資産の積立不足を解消し、会計上の負債を減らすことができます。

退職給付信託を設定した場合には、次のような効果が期待されます。

① 会計上の積立不足を解消することができる
② 従業員の退職給付の原資を確保することになる
③ 有価証券の時価変動による会計上の影響をある程度緩和することができる
④ 持合株式などを拠出することによって資産の効率化を図ることができる

4 退職給付信託の対象となる資産

　退職給付信託に拠出できる資産は，一般に上場有価証券等のように時価の算定が客観的かつ容易であり，換金性の高い資産であることが求められています。この理由は，以下のとおりです。

　退職給付信託に拠出した資産は退職給付会計における年金資産に該当しますので，拠出時には時価によって資産売却の会計処理を行い，また，拠出後は年金資産として期末に時価評価を行います。そのため，退職給付信託に拠出した資産は時価の算定が客観的かつ容易である必要があります。

　また，退職給付信託は，退職給付制度へ拠出され，退職給付の支払いに充てられるものであるため，換金性の高い資産である必要があります。

Q62uestion

株式を退職給付信託として設定しようと考えています。退職給付信託に株式を設定した場合の注意点を教えてください

Answer

ある特定の株式を信託財産として退職給付信託を設定する場合には，期待運用収益の見積りや議決権の行使，連結の範囲などの会計上の論点があります。

――― 解　説 ―――

1　期待運用収益の見積り

　退職給付会計では，期待運用収益を見積もって将来の年金資産の額を予想することが求められています。しかし，株価は様々な要因によって大きく変動しますので，将来の見通しを予測することが難しく，適切な期待運用収益の見積りが困難になる場合があります。

　このような場合には，当年度の実績運用損益を数理計算上の差異とする方法や配当金等のインカムゲインだけを見積もる方法も合理的だと思われます。

　運用環境の悪化などの状況によっては，予想される運用損失率を見積もることが合理的なケースも考えられます。

2　時価の減損の適用不可

　時価のある有価証券を保有している場合に，時価が著しく下落した信託財産のみを取り出して，その含み損を一時の損失として処理をすることは原則として認められません。

　時価のある有価証券を退職給付信託に拠出している場合には，それらの損失

は数理計算上の差異を構成するものとして遅延認識することになります。

3 子会社株式等を信託設定した場合

　子会社株式や関連会社株式を信託財産とした場合でも，議決権の行使に影響力がある場合には，実質支配力基準により連結の範囲に含めることになります。

　連結した場合には，子会社株式の信託への拠出はなかったものと見なされるため，設定時に認識した退職給付設定損益や会計基準変更時差異の一時費用処理はなかったものとなります。

　ただし，子会社株式を信託に拠出したことに伴い子会社の支配を失って連結対象子会社から外れる場合や，信託での資産運用として処分や議決権行使を全面的に受託者に一任した場合には，年金資産として取り扱うことが可能と思われます。

　なお，信託に拠出した株式の持分については，親会社持分損益の計算上は信託設定の比率分だけ少数株主持分損益に振り替えて，持分比率を減少させる必要があります。

　持分法を適用している関連会社についても同様に，通常の株式売却の会計処理と同じく持分比率を減少させる必要があります。また，関連会社株式を拠出したときに認識した信託設定損益は連結上も認識します。

　子会社の未積立退職給付債務に対して親会社が信託設定することは原則として認められません。

第8章 簡便法

Question 63

子会社の従業員数は100人程度なのですが，この場合でも数理計算が必要になりますか

Answer

従業員の数が100人程度であれば，必ずしも数理計算を行う必要はありません。信頼性の高い数理計算上の見積りを行うことが困難である場合や重要性が乏しい場合には，簡便な方法を用いて退職給付債務や退職給付費用を計算することができます。

―― 解　説 ――

1 簡便法が採用できる場合

　退職給付会計では，数理計算を行って退職給付債務と退職給付費用（勤務費用）を計算します（原則法）。数理計算は確率や統計の手法を用いて行いますので，退職給付債務に高い信頼性が得られるかどうかは，数理計算に用いられる基礎率推定の有効性に依存するとされています。

　有効性の検証によると，ある一定の分布を前提に約300人の従業員がいる場合には，その数理計算結果に一定水準の信頼性が得られるということです。

　そのため，従業員が300人未満の場合には，その計算結果から高い信頼性が得られないことが予想されるため，数理計算によらないで簡便な方法によって退職給付債務及び退職給付費用を計算することが認められています。

2 従業員が300人以上でも簡便法が認められる場合

　従業員が300人以上であれば数理計算を行い，300人未満では簡便法でなければならないのかというと，必ずしもそういうわけではありません。

　簡便法が認められるのは，あくまで数理計算による結果に高い信頼性が得られない場合です。従業員が300人を超える場合であっても，年齢や勤続期間に偏りがある場合で数理計算による計算結果に高い信頼性が得られないと判断されるときには，簡便法によることが認められています。

　また，従業員が300人未満の場合であっても，数理計算による結果に一定の高い水準の信頼性が得られると判断できる場合には，原則法によることができます。

3 原則法か簡便法かの判断

　原則法と簡便法の分かれ目となる従業員数とは，退職給付債務の計算の対象となる従業員数のことを指します。

　たとえば，複数の制度を採用している会社や会社グループでは，それらの退職給付制度の対象となる従業員数によって，原則法によるか簡便法によるかを制度ごとに判断することになります。

　そのため，連結グループのすべての退職給付制度を，原則法と簡便法のどちらかに統一しなければならないわけではありません。

Q64

簡便法では，退職給付債務や退職給付費用，引当金をどのように計算することになりますか

Answer

簡便法では数理計算を行わず，簡便な方法によって退職給付債務と退職給付費用を計算します。数理計算上の差異は発生しませんので，退職給付債務と年金資産の差額がそのまま退職給付引当金になります。

― 解　説 ―

1　簡便法の退職給付債務の考え方

　簡便法では，「期末自己都合要支給額」や「直近の数理債務（責任準備金）」を用いて退職給付債務を計算します。

　「期末自己都合要支給額」は，通常は将来の昇給や退職などを考慮していません。また，割引計算も行いません。

　「直近の数理債務（責任準備金）」は，Q45 で説明したとおり，年金財政計算上の債務の評価額です。

2　退職給付債務の計算方法

　簡便法による退職給付債務の計算には，上記以外にもいくつか方法があります。退職給付に関する実務指針で示されている方法を表にまとめました。

| 表 | 簡便法における退職給付債務 |

退職一時金制度	企業年金制度
① 期末自己都合要支給額×比較指数（注1）	④ 直近の責任準備金の額×比較指数（注2）
② 期末自己都合要支給額×平均残存勤務期間に基づく割引率及び昇給率の係数	⑤ 在籍者：左記②又は③ 年金受給者及び待期者：責任準備金の額
③ 期末自己都合要支給額	⑥ 直近の数理債務（責任準備金）の額
退職金制度の一部を年金に移行しているケース	
① 移 行 分：上記④〜⑥のいずれかの方法により算出 　未移行分：上記①〜③のいずれかの方法により算出	
② 在 籍 者：期末自己都合要支給額をもとに計算した額 　年金受給者及び待期者：直近の数理債務（責任準備金）の額	

（注1） 適用初年度の期首における「原則法による退職給付債務」と「自己都合要支給額」の比

（注2） 適用初年度の期首における「原則法による退職給付債務」と「責任準備金」の比

3　年金資産の評価は原則法と同じ期末の時価で

年金資産は，簡便法においても，原則法の場合と同様に期末の時価（公正な評価額）によって計算します。

4　退職給付引当金の計算

退職給付引当金は，簡便法によって計算した退職給付債務から年金資産の期末評価額を控除して計算します。原則法で生じた未認識項目は，簡便法では発生しません。

退職給付引当金＝退職給付債務（簡便法）－期末年金資産評価額

第8章　簡便法

| 図1 | 簡便法の退職給付引当金 |

```
┌─────────────────┬─────────────────┐
│ 年金資産         │                 │
├─────────────────┤ 退職給付債務     │
│ 退職給付引当金   │                 │
└─────────────────┴─────────────────┘
```

5　退職給付費用の計算

簡便法では数理計算を行わないため，退職給付費用は，期首と期末の退職給付引当金を比較して計算します。

退職給付費用＝期末退職給付引当金－（期首退職給付引当金－社外流出額）

※　「社外流出額」＝退職一時金に係る当期退職給付額＋企業年金制度への当期拠出額

| 図2 | 簡便法の退職給付費用 |

```
┌─────────────────┬─────────────────┐
│ 退職一時金支払額 │                 │
├─────────────────┤ 期首退職給付引当金│
│ 年金掛金拠出額   │                 │
├─────────────────┼─────────────────┤
│                 │                 │
│ 期末退職給付引当金│ 退職給付費用   │
│                 │                 │
└─────────────────┴─────────────────┘
```

Q65

簡便法の退職給付費用の計算と仕訳はどのようになりますか

Answer

原則法では期首時点で1年間の退職給付費用が予測できますが，簡便法では期末にならないと退職給付費用が計算できません。例を設けて，退職給付引当金と退職給付費用の計算と仕訳を解説します。

――― 解 説 ―――

1　原則法では期首時点で退職給付費用が予測できる

　原則法では，役務の対価である勤務費用を数理計算によって期首時点で計算します。また，期首の退職給付債務を基礎とした利息費用と，同じく期首の年金資産の時価を基礎とした期待運用収益を計算します。さらに，前期以前に発生した数理計算上の差異と過去勤務債務の期首未認識残高を基礎として当期の費用処理額を計算します。

　これらの合計が，1年間の退職給付費用になりますので，原則法では退職給付費用は期首時点で予測できることがわかります。

2　簡便法では期首時点で退職給付費用が予測できない

　一方で，簡便法では数理計算を行いませんので勤務費用は計算されません。また，利息費用も期待運用収益の計算もなく，過去勤務債務や数理計算上の差異は認識されません。

　簡便法の退職給付費用は，あくまで期首と期末の引当金を比較することに

よって計算されますので，期末時点で初めて金額が判明することになります。

3 設例による解説

【前提】

　企業年金制度へ一部移行している退職給付制度を採用しています。

×1年度期首の残高

　簡便法による退職給付債務：100

　年金資産の時価：40

×1年度中の状況

　退職一時金の支払額：20

　企業年金への掛金拠出額：10

×1年度期末の残高

　簡便法による退職給付債務：120

　年金資産の時価：30

　上記の前提条件を図に表すと次のようになります。

図　簡便法における退職給付引当金と退職給付費用

（期首と期末の退職給付引当金）

×1年期首

年金資産　40	退職給付債務 100
退職給付引当金 60	

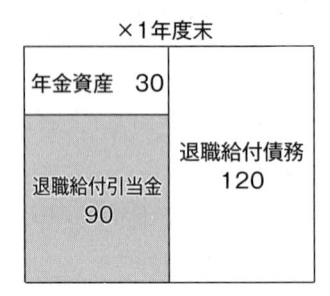

×1年度末

年金資産　30	退職給付債務 120
退職給付引当金 90	

（年間の引当金の増減と退職給付費用）

×1年度

退職一時金支払額　20	期首退職給付引当金　60
年金掛金拠出額　10	
期末退職給付引当金　90	退職給付費用 60

① 退職給付引当金の計算

　退職給付引当金は，退職給付債務と年金資産の時価の差額として計算されますので，×1年期首は60（退職給付債務100－年金資産の時価40）となり，×1年期末は90（退職給付債務120－年金資産の時価30）となります。

② 退職給付費用の計算

　退職給付費用は，期首と期末の退職給付引当金の差額に当期の退職一時金支払額と当期の年金掛金拠出額を差し引いて計算します。

退職給付費用60＝期末退職引当金90－（期首退職給付引当金60
－退職一時金支払額20－年金掛金拠出額10）

　このように，期首の退職給付引当金に退職給付費用を加算して期末退職給付引当金を計算するのではなく，あくまで簡便法によって算定した期首と期末の退職給付引当金の増減差として計算されます。そのため，原則法のように期首時点で年間の退職給付費用を予測することはできません。

③　簡便法による仕訳
　これまでの計算結果を仕訳に表すと次のとおりとなります。

【退職一時金の支払い】

（借）退職給付引当金　20	（貸）現　金　預　金　20

【年金掛金の拠出】

（借）退職給付引当金　10	（貸）現　金　預　金　10

【退職給付費用の計上】

（借）退職給付費用　60	（貸）退職給付引当金　60

Q66

退職金規程を改訂して給付水準を変更したのですが，その場合に生じた退職給付債務の差額は簡便法ではどのように処理すればよいのでしょうか

Answer

簡便法では数理計算を行いませんので，数理計算上の差異や過去勤務債務を認識しません。そのため，原則法で認められている遅延認識のように数年での費用処理されることはなく，発生した期に一時の費用となります。

解　説

1 簡便法では過去勤務債務や数理計算上の差異は認識されない

　原則法では数理計算を行うため，退職給付債務や年金資産の期末予測額と実績額に差が生じた場合には数理計算上の差異が認識されます。また，規程等の改訂に伴い給付水準が変動した場合には，その時点で数理計算を行うことによって，給付水準の変動がそれまでに認識した退職給付債務に対してどの程度影響したのかが把握されるため，過去勤務債務を認識することになります。

　他方で，簡便法では数理計算を行わずにあくまで「簡便」な手法によって退職給付引当金や退職給付費用を計算するため，過去勤務債務や数理計算上の差異を認識することはありません。

2 給付水準の変動はすべて当期の退職給付費用

　退職金規程等を改訂して給付水準が変更された場合には，原則法では過去勤務債務を認識し，発生した期以降の期間で平均残存勤務期間以内の一定の期間

で費用処理します。つまり、会社は、過去勤務債務を複数年にわたり費用処理する方針を採用している場合には、給付水準の変更による損益の影響をある程度緩和することが可能になります。

他方で、簡便法では給付水準変更の影響は期中ではわかりません。期末では自己都合要支給額の計算や数理債務（責任準備金）の把握を行いますが、その影響はこれらに含まれて計算されているため、その影響額を別途把握することができません。

したがって、簡便法を採用している場合には給付水準の変更によって期末退職給付債務が著しく増加すると、その期の退職給付費用がその分だけ増加することになります。

3 年金資産の時価が予測を上回って変動すると損益に直接影響

原則法では、期首時点で年金資産の運用収益を見積もって期末の年金資産の時価を予測しますので、実績が予測と乖離した場合には数理計算上の差異として把握され、平均残存勤務期間以内の一定の期間で費用処理することになります。

他方、簡便法では予想を超えて期末の年金資産の時価が高くなった場合には当期の退職給付費用が減少し、時価が低くなった場合には当期の退職給付費用が増加することになります。

つまり、年金資産のポートフォリオなどの運用方針とは関係ない経済環境や市場の影響によって年金資産の時価が大幅に変動した場合でも、その影響が退職給付費用を通じてその期の損益に直接影響してしまいます。

Q67 これまで簡便法を採用してきましたが，原則法に変更することはできますか

Answer

簡便法から原則法に変更することは認められます。その場合には，数理計算による計算結果に高い信頼性が得られるようになるなどの合理的な理由が必要となります。原則法に変更した場合に生じた退職給付債務の増減差額はその期の損益として処理します。

― 解　説 ―

1 簡便法から原則法への変更は合理的な理由によって当然に認められる

Q63 でも説明しましたように，簡便法が認められるのは数理計算の計算結果に高い信頼性が得られない場合に限られています。そのため，従業員数が300人を超えたり，年齢や勤続年数の偏りが是正されたりすることなどによって，その結果に高い信頼性が得られるような数理計算が可能となった場合には，原則法によることが求められます。

2 変更による影響額は一時の損益になる

簡便法から原則法へ変更すると，退職給付債務の計算に影響を受けますので，変更前後の退職給付債務の差額を把握することになります。たとえば，一時金制度の場合では，数理計算が可能となった時点の自己都合要支給額による退職給付債務と数理計算による退職給付債務とを比較して，その差額を損益に計上することになります。

3　原則法から簡便法へ変更するケースもある

　これまで継続して原則法を採用してきた会社が，大量退職等によって従業員数が300人を大幅に下回ってしまうような状況など，高い信頼性をもって数理計算を行うことができなくなるケースも考えられます。

　そのような場合には，原則法から簡便法に変更することも検討する必要があるでしょう。

Q68 Question

簡便法では数理債務（責任準備金）を退職給付債務として使えると聞きましたが，送付された計算書の決算日が会社の決算日と違います。これを使うことができるのでしょうか

Answer

年金財政計算の決算日が会社の決算日と異なる場合には，必要に応じて合理的な補正計算を行うことになります。

解説

1 数理債務（責任準備金）に補正計算の必要がある場合

簡便法では，直近の年金財政決算日における数理債務（責任準備金）を退職給付債務として用いることができます。しかし，年金財政決算日が会社の決算日から乖離する場合がありますので，両者の日数に著しく隔たりがある場合には，必要に応じて合理的な補正計算を行う必要があると考えます。

特に，年金財政決算日から会社の決算日までの間に，人員構成に大きな変動等が発生した場合には，その年金財政決算日の数理債務（責任準備金）をそのまま用いるべきではありません。

2 補正計算が必要となるもう一つの理由

簡便法においては，年金資産は期末日の時価又は直近の年金財政決算における時価を基礎として期末日まで合理的に補正した金額で測定します。

つまり，年金財政決算日が会社の決算日と乖離している場合には，退職給付債務と年金資産の評価時点が乖離してしまう事態が生じることになります。

結果として重要な影響がない場合には問題とならないと思いますが，このよ

うな乖離の事態を避けるためにも，数理債務（責任準備金）についても会社の決算日までの合理的な補正計算を行う必要があります。

3 補正計算①　標準掛金を加算する

合理的な補正方法の一つとして，直近の年金財政決算日の数理債務（責任準備金）に，年金財政決算日から会社の決算日までに拠出した標準掛金を加算します。

特別掛金は加算しません。なぜなら，特別掛金はすでに確定した過去の積立不足を穴埋めするための掛金ですので，数理債務の増減とは無関係だからです。

4 補正計算②　利息費用を加算する

数理債務（責任準備金）は将来の給付を割り引いて計算されていますので，時の経過とともに利息が発生することになります。

利息費用の計算は，直近の年金財政決算日の数理債務（責任準備金）×予定利率×経過日数／365日　となります。

5 補正計算③　給付支払額を減算する

直近の年金財政決算日から会社の決算日までの間に年金や一時金の支払いもあるでしょう。給付の支払いは会社の債務が減少することになりますので，支払いがあった分だけ数理債務（責任準備金）を減少させるために年金や一時金の支払額を減算します。

第9章 退職給付制度の移行等

Q69

退職給付制度の移行を考えています。退職給付会計での取扱いを教えてください

Answer

退職給付制度の移行と一言でいっても，規程の廃止や基金の解散の場合，他の制度への移行などケースによって様々です。制度が継続しているか，それとも制度が一部終了しているのか，あるいは，制度が全部終了しているのかによって，取扱いが変わってきますので注意が必要です。

―― 解　説 ――

1 法律の制定によって退職給付制度が多様化

　平成13年に確定拠出年金法が，平成14年に確定給付企業年金法がそれぞれ施行されました。それまでは，多くの会社は退職一時金制度，厚生年金基金制度，適格退職年金制度のいずれか又は複数を退職給付制度として採用していました。また，規模の小さい中小企業では，中退共制度を採用しています。

　上記二つの年金法律の施行によって，厚生年金基金の代行返上が認められ，適格退職年金の廃止が決定する一方で，基金型と規約型の確定給付企業年金制度や確定拠出年金制度が導入されました。

　また，それまで米国なども行われていたハイブリッド型の年金制度である

キャッシュバランスプランも確定給付企業年金制度として認められるようになりました。

現在，制度として認められている代表的な退職給付制度は，図1のとおりです。

図1　年金法の前後での退職給付制度移行パターン

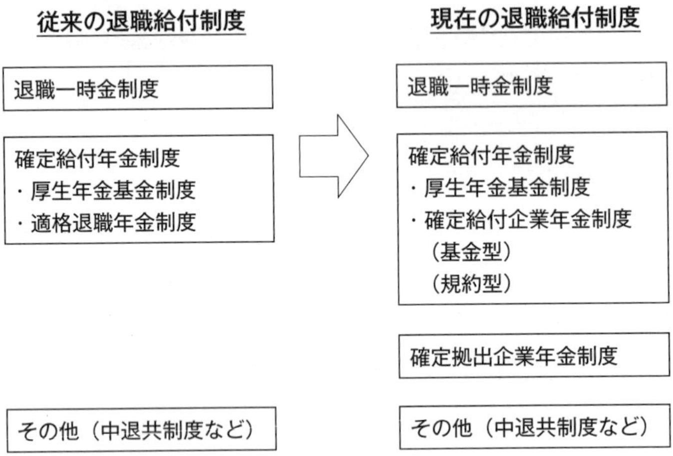

従来の退職給付制度

- 退職一時金制度
- 確定給付年金制度
  ・厚生年金基金制度
  ・適格退職年金制度
- その他（中退共制度など）

現在の退職給付制度

- 退職一時金制度
- 確定給付年金制度
  ・厚生年金基金制度
  ・確定給付企業年金制度
  　（基金型）
  　（規約型）
- 確定拠出企業年金制度
- その他（中退共制度など）

2　退職給付制度の移行等の種類と移行形態の会計処理

退職給付制度の移行等には様々な種類があります。また，それらの種類は制度が継続しているのか，終了しているのかという形態に分類されます。

この移行等の種類と移行形態による分類，さらにそれらの結果としての会計処理の考え方を整理したものが図2になります。

第9章 退職給付制度の移行等

図2 退職給付制度間の移行等に係る会計処理

制度の移行等の種類	移行形態	会計処理
退職金規程の廃止 厚生年金基金の解散等	制度の全部終了	**制度全部終了の会計処理** ・退職給付債務の減少分 ・未認識項目 ⇒一時に認識
一部を確定拠出制度へ	制度の一部終了（終了部分）	**制度終了部分の会計処理** ・退職給付債務の減少分 ・未認識項目 ⇒一時に認識
確定給付間の制度移行	制度の継続（継続部分）	**給付の増減額の会計処理** ・退職給付債務の増減分 ⇒遅延認識 ・未認識項目 ⇒継続処理
大量退職	制度の一部終了に準じる	制度の一部終了と同様の処理
給付額の大幅減額	制度の継続	**給付の大幅減額の会計処理** ・退職給付債務の減少分 ・未認識項目 ⇒一時に認識

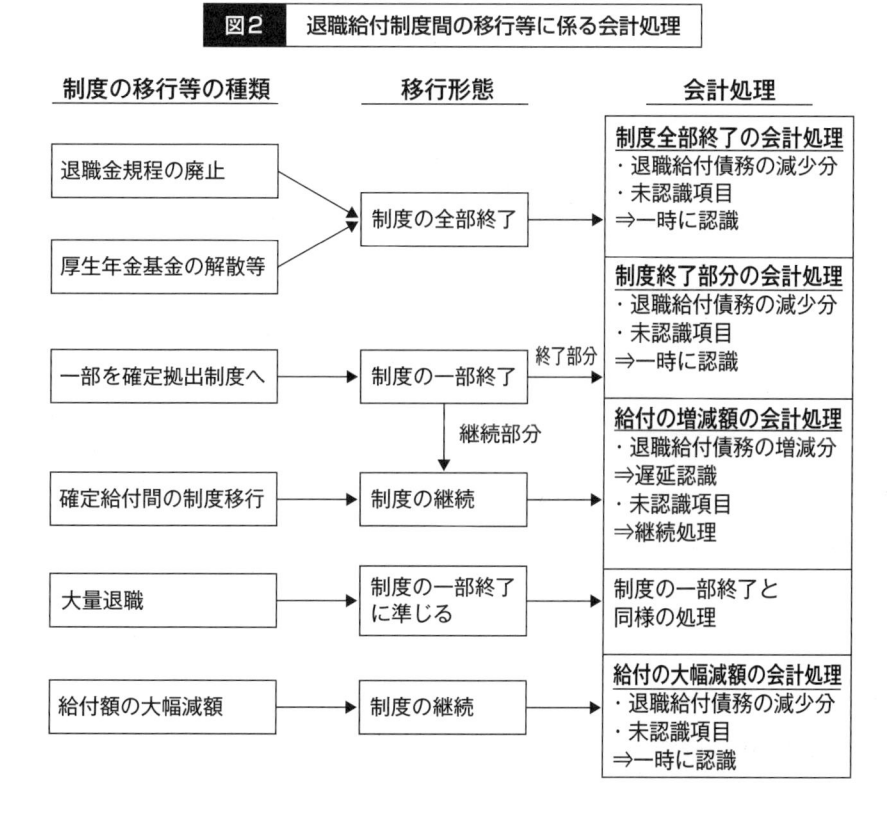

3 制度の終了

「制度の終了」とは，①退職給付制度そのものの廃止（「全部終了」）と，②制度間の移行や改訂によって支払等を伴って退職給付債務が減少するもの（「一部終了」）があります。

①の「全部終了」とは，退職給付制度がなくなってしまうことをいいます。この場合の会計処理は，退職給付債務の減少分や未認識項目は制度の廃止とともに一時に認識することになります。

②の「一部終了」とは，制度そのものはなくならないものの，退職給付債務が減少してその減少分について支払等が生じるものをいいます。たとえば，従

来の確定給付型制度の一部だけを確定拠出年金制度へ移行する場合の当該移行部分などがこれにあたります。確定拠出年金制度へ移行する場合には移行に伴う拠出が必要ですので，この場合でも「支払い」が伴っている点がポイントです。

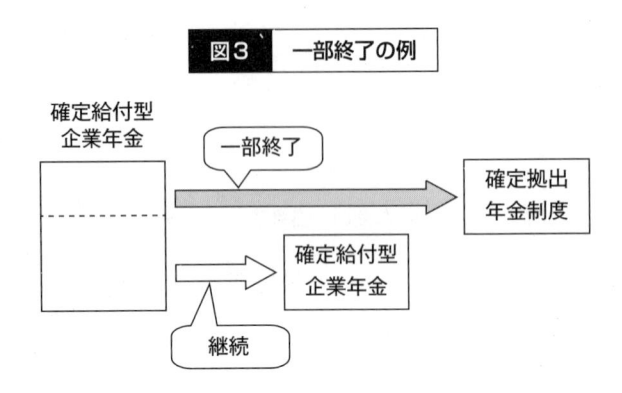

図3　一部終了の例

「一部終了」の場合には，終了したと認められる部分については，「全部終了」と同様の会計処理になり，それ以外の部分については，「制度の継続」として取り扱われます。

4　制度の継続

「制度の継続」とは，「制度の終了」に該当しない場合をいいます。確定給付型から確定給付型への退職給付制度間の移行のケースなどが該当し，たとえば，厚生年金基金制度を代行返上したうえで，給付水準を見直して基金型の確定給付企業年金へ移行する場合が該当します。

この場合，従前の厚生年金基金制度自体は形式的に終了していますが，会社の事業主にとってみると，これまでどおり確定給付型の年金制度は存続しており，将来の確定した制度の給付に対する負担（支払義務）が今後も継続します。そのため，形式ではなく，実態を重視して「制度の継続」として取り扱われます。

| 図4 | 制度の継続 |

確定給付型企業年金 → 確定給付型企業年金

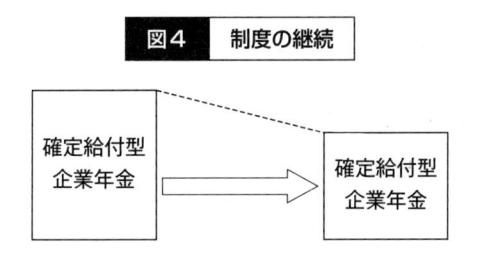

「制度の継続」の場合には，原則としてこれまで行っていた会計処理をそのまま継続することになります。たとえば，未認識の数理計算上の差異の残高がある場合には，会社の方針に従って継続して費用処理していくことになります。

また，制度の移行によって退職給付債務に変動が生じた場合には，これを過去勤務債務として認識し，会社の方針に従って費用処理することになります。

5 大量退職と給付の大幅な減額

上記以外に，大量退職のケースと給付の大幅減額のケースがあります。

大量退職のケースは，従業員の半分近く退職してしまったために，これまでと退職給付制度の構成が異なってしまう場合をいいます。この場合には，制度の一部終了に準じて取り扱われます。

給付の大幅減額のケースとは，大量退職のような退職者はいないのですが，リストラなどの一環で退職給付の給付水準を大幅に減額する場合などをいいます。この場合には，通常であれば退職給付の減額部分は過去勤務債務として取り扱うのですが，その実態が「制度の廃止」に近いケースでは，一定の要件を条件に，給付の大幅減額の会計処理として，例外的に退職給付債務や未認識項目を一時に認識して処理することが認められています。

Question 70

退職給付制度を移行する場合，会計においてどのような対応が必要となりますか

Answer

退職給付制度を移行する場合には，移行の種類と移行の形態によって退職給付会計での対応が異なってきます。確定給付型から確定給付型への移行の場合には，原則として期末と同様に移行のタイミングで数理計算を行って過去勤務債務などの影響を算定する必要があります。

解説

Q69 で説明したように，一言に退職給付制度の移行といっても様々な種類といくつかの形態があります。それらによって会計上の対応と決算に与える影響は異なってきます。

1　制度の終了の場合

退職金規程等の廃止や厚生年金基金の解散，適格退職年金の解約など，制度が終了する場合には，退職給付債務の減少分と未認識数理計算上の差異などの未認識項目を認識し，損益処理することになります。

（必要となる対応）
① 制度終了の時点での退職給付債務の消滅を認識する
② 終了した部分の退職給付債務と減少した分に相当する支払等の額との差額を一時の損益として認識する
③ 終了した部分の未認識項目の残高を一時の損益として認識する

2 制度の継続の場合

　適格年金制度や厚生年金基金制度の確定給付型の制度から給付水準を変更（減額など）して確定給付企業年金制度へ移行する場合などがこれにあたります。

　この場合，制度自体の設計が変更され制度の名称が変わりますが，移行形態でみると移行前と移行後はいずれも確定給付型の年金制度であると判断されます。つまり，会社の事業主が従業員などの加入者に負っている給付の支払義務はこれまでどおりです。

　通常は給付水準の変更の場合と同様に数理計算を行って移行後の退職給付債務を計算し，過去勤務債務を算定することが必要になります。

　把握された過去勤務債務は会社の方針に従って遅延認識されます。移行前の制度で把握されていた未認識項目はこれまでどおり継続して費用処理していきます。

（必要となる対応）
① 数理計算などにより移行後の退職給付債務を計算する
② 退職給付債務の増減額を過去勤務債務として把握する
③ 過去勤務債務は発生した期から会社の方針に従って費用処理する
④ 移行前の制度で把握されていた未認識項目は継続して費用処理する

　ただし，「給付額の大幅減額」に該当するケースでは，例外的に大幅に減額した部分の退職給付債務の減少額と未認識項目は一時の損益として認識します。

3 制度の一部終了の場合

　これまでは適格退職年金制度を採用していた会社が，適格退職年金が廃止となるために一部を確定拠出年金制度へ移行し，残りを規約型の確定給付企業年金制度へ移行する場合などがこれにあたります。

一部の終了ですので，終了した部分については制度の終了として処理し，終了した部分以外の継続する部分については「制度の継続」として処理します。

（必要となる対応）
① 制度終了の時点で消滅する退職給付債務と存続する退職給付債務を認識する
② 終了した部分の退職給付債務と減少した分に相当する支払等の額との差額を一時の損益として認識する
③ 未認識項目の残高のうち終了した部分に相当する額を一時の損益として認識する
④ 終了した部分以外の未認識項目の残高はこれまでどおり継続して費用処理する

Q71 期末日前後のタイミングで退職給付制度を移行する場合には，いつの時点で会計処理が必要になりますか

Answer

制度の終了の場合は「施行日」において終了を認識し，制度の継続の場合には「改訂日」に会計処理することが原則です。

―― 解　説 ――

1　退職給付制度の終了の会計処理を行うのは「施行日」

　制度の終了は，退職給付制度が終了した時点で会計処理します。終了した時点とは，改訂された規程や規約が適用される日である「施行日」になります。
　規程や規約の「改訂日」でも終了に伴って実際に支払いが行われる日でもなく，新しい規程などの適用が開始される日に会計処理を行います。

2　制度が廃止される場合は「制度が廃止された日」に会計処理

　退職給付制度が廃止される場合には新しく適用される規程等がありませんので，「制度が廃止された日」に会計処理します。
　他方で，制度の一部終了によって退職給付債務の一部が支払等によって減少する場合には，改訂規程等の「施行日」に会計処理します。

3　「施行日」に会計処理を行う理由

　「制度が廃止された日」や「施行日」には，会社の事業主と従業員との退職給付に関する権利義務が明確に変わります。そのため，これらの日に効力が発生することをもって会計処理することが合理的であると判断されました。

4 「廃止日」や「施行日」が翌期の場合の対応

制度の終了の場合には退職給付債務や未認識項目残高を一時に損益認識するため,「廃止日」や「施行日」が翌期であっても決算に与える影響を考慮する必要があります。具体的には,「廃止日」や「施行日」が翌期になる場合であっても,影響が損失となる場合には当期の退職給付費用として計上する必要があります。

表1　「廃止日」や「施行日」が翌期となる場合

当期末の状況	会計上の対応
① 規程等の「改訂日」が当期中である ② 制度の終了時に損失が発生する可能性が高い ③ 損失額を合理的に見積もることができる	当期中に損失計上
損失計上した場合以外で「施行日」が翌期首である	翌期の財務諸表に及ぼす影響額を当期の財務諸表に注記

5 制度の継続の場合は「改訂日」

制度の継続は,通常は退職給付債務が変動し過去勤務債務を認識するため,「改訂日」に会計処理します。

Q26 でも説明したとおり,改訂日とは,労使が合意した結果,規程や規約の変更が決定され従業員等に周知された日をいいます。

表2　会計処理のタイミング

移行の形態	会計処理の時点
制度の終了 制度の一部終了	「廃止日」又は「施行日」
制度の継続	「改訂日」

第10章 税金と税効果

Q72

退職給付会計と税務上の取扱いの違いについて教えてください

Answer

退職一時金制度では退職金の支払時に支払額が税務上の損金になります。年金制度では掛金の拠出時に拠出額が損金になります。つまり，退職給付費用は税務上の損金と計算方法や計上されるタイミングが異なるため，申告調整が必要になります。

――― 解 説 ―――

1 退職給付費用と申告調整

　平成14年税制改正以前は，法人税において退職給与引当金が認められていました。そのため，法人税法の規定に基づいて算定された退職給与引当金の繰入限度額は損金算入することが認められていました。

　法人税の損金算入限度額は，平成10年以降は段階的に引き下げられ，平成14年度の税制改正によって税務上の退職給与引当金は廃止されました。平成15年3月31日以後最初に終了する事業年度以降は，新たに退職給与引当金の繰入れはできなくなり，その事業年度の期首時点の引当金残高を一定の方法によって取り崩すとともに，新たに発生した引当金の増加分は税務上加算することになりました。

このように，会計と税務との費用認識に関係がないため，申告調整が必要になります。

表 退職給付に係る費用の損金算入

	平成14年度以前	平成14年度以降
退職一時金制度	税務上の退職給与引当金の損金算入限度額	退職金支払時のみ
外部拠出企業年金制度	年金制度への掛金拠出額	同左

2 年金制度の退職給付費用と掛金

年金制度の場合には，掛金の拠出額は拠出したタイミングで損金算入となります。そのため，実務的には，掛金額を超える退職給付費用が計上される場合には，その超過額が申告調整の対象となります。

退職給付費用は，「勤務費用＋利息費用－期待運用収益±未認識項目の費用処理額」で計算されますので，掛金の拠出額は退職給付費用とは基本的に関係ありません。Q50 で説明したように，年金財政計算上のコストである標準掛金は退職給付会計のコストである勤務費用とは考え方や計算方法が異なります。

具体的には，退職給付費用の計上は退職給付引当金を増加させますが，掛金の拠出は退職給付引当金を減少させます。

3 退職給付引当金の残高が会計と税務の差として表れる

退職一時金では，退職金の支払時に損金になります。貸借対照表に計上されている退職給付引当金は未だ支払っていないものですので，その引当金残高が基本的に会計と税務の差異になります。

年金制度では，年金制度への掛金の拠出時に損金になります。基本的な考え方は退職一時金と同様です。つまり，会社の事業主が未だ支払っていないものを税務上は否認するというものです。

したがって，会計上認識されている退職給付引当の残高が申告調整された税務との差異になります。

4 最終的には，退職給付会計と税務上の費用は一致する

退職金の支払時と掛金の拠出時に税務上は損金になりますが，仮に退職給付制度を廃止してその給付の全額を従業員に支払った場合には，最終的に税務上すべて損金になります。

退職給付会計の費用と税務上の損金は，認識されるタイミングが異なるだけで，最終的には一致します。

Question 73

退職給付信託の税務に関する取扱いを教えてください

Answer

退職給付信託は，退職給付会計では拠出された資産であると考えますが，税務上は未だ拠出されていないものと考えます。そのため，損益を認識するタイミングや処理が会計と税務で異なりますので注意が必要です。

―― 解　説 ――

1　税務上は信託財産が拠出されていない

　退職給付信託には，「委託者」と「受託者」，そして「受益者」である従業員等が存在します（Q61 参照）。
　退職給付信託の設定に伴って，委託者である事業主から受託者である信託銀行等へ信託資産の所有権が移転します。そのため，退職給付会計では信託財産を会社の資産から切り離して処理を行います。
　一方で，税務上は，いわゆる「受益者が特定していない場合または存在していない場合」と考えており，その結果，信託財産は委託者が所有するものとして取り扱われます。

第10章 税金と税効果

図　退職給付会計と税務の考え方

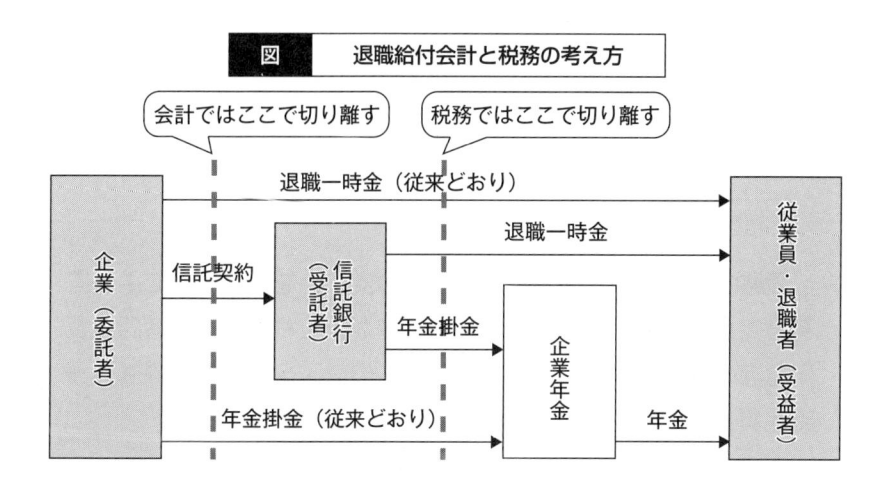

会計ではここで切り離す　　税務ではここで切り離す

企業（委託者）──信託契約──→信託銀行（受託者）
企業──退職一時金（従来どおり）──→従業員・退職者（受益者）
信託銀行──退職一時金──→従業員・退職者
信託銀行──年金掛金──→企業年金
企業年金──年金──→従業員・退職者
企業──年金掛金（従来どおり）──→企業年金

2　退職給付会計と税務上の取扱いの違い

　退職給付信託に関連する事象についての退職給付会計と税務との処理・取扱いの違いは表のとおりです。

表　退職給付信託の会計と税務の取扱い

事　象	会計上の取扱い	税務上の取扱い
①退職給付信託に資産拠出	退職給付信託設定損益を計上する 退職給付引当金を取り崩す	退職給付信託設定損益は税務上否認されるため申告調整
②退職給付信託から退職一時金を支給	仕訳なし	退職給付引当金の取崩しと退職金の支払いを認識
③退職給付信託を外部に売却	仕訳なし	売却損益が実現したものとして申告調整
④退職給付信託資産から配当金や利息収入が発生	仕訳なし	運用収益は益金となるため申告調整
⑤退職給付信託資産に係る期待運用収益や数理計算上の差異の発生	会計上損益が認識	税務上の損金とはならない

Q74 退職給付会計に関する税効果会計はどうなりますか

Answer

最終的に従業員が退職し退職給付の支払いを行うことによって初めて会計と税務の処理は一致しますが，それまでは両者間の費用認識のタイミングが異なります。このタイミングの差異は「一時差異」となり税効果会計の対象となります。

解説

1 退職給付引当金は損金不算入

退職給付引当金を計上するときには退職給付費用が計上されますが，この退職給付費用は税務においては損金として認められません。引当金が減少するのは，退職者に対して退職給付が支払われた時と年金制度で掛金が拠出された時であり，その場合には税務では損金算入されます。これをまとめると表のようになります。

表　引当金の変動と税務の関係

引当金の変動	変動の要因	税務上の処理
引当金が増加する	費用の計上	損金不算入
引当金が減少する	キャッシュの支払い	損金算入

2　キャッシュアウトが損金算入のタイミング

　税務ではキャッシュの支払いをもって損金算入を認めていますので，仮に期末時点の従業員が全員退職すれば会計と税務の費用は一致することになります。問題は，両者の費用（損金）の認識のタイミングが異なることによる調整です。

　このタイミングの差異を調整するのが税効果会計になります。会計上で計上されている引当金は，未だ税務では損金とならないために否認されます。つまり，引当金の計上の要因である退職給付費用はすべて否認されてしまい，税務においては引当金が存在していないと考えています。

3　税効果会計の考え方

　「会計上の費用≠税務上の損金」ですので，会計の費用の方が税務の損金よりも大きい場合には，会計で計算された利益は税務上の利益（課税所得）よりも小さくなり，その結果，会計上の利益に対して税額が過大となります。

　ただし，この時否認された費用は将来の支払時において損金となりますので，会計においては一時的に税金を前払いしていることと同じ効果があります。このような効果を「税効果」といい，否認された費用は将来の課税所得の計算上において減算効果があるので「将来減算一時差異」といいます。

　この一時差異に実効税率を乗じて算出した金額は，「繰延税金資産」として貸借対照表に計上され，当期の法人税等から「法人税等調整額」として控除されることになります。

4 設例を使った解説

【設例】

制度は，退職一時金制度及び企業年金制度

会計上の費用及び負債等の増減は以下のとおり

	退職一時金制度	企業年金制度
期首退職給付引当金残高	1,000	1,200
当期退職給付費用	150	200
退職一時金支払額	100	－
掛金拠出額	－	150
年金給付額	－	500
期末退職給付引当金残高	1,050	1,250

実効税率は40％

（ポイント）

一時金制度は退職金支払時において損金となる。

年金制度は掛金拠出時において損金となる。

図　退職給付会計での税効果の考え方

【退職一時金制度】

会計上の簿価		税務上の簿価		一時差異	税効果	
当期支払額 100	期首残高 1,000	当期支払額 100	期首残高 0	期首残高 1,000		期首残高 400
期末残高 1,050	退職給付費用 150	期末残高 0	損金 100	期末残高 1,050 退職給付費用 50	期末残高 420	退職給付費用 20

×40％＝

【企業年金制度】

会計上の簿価		税務上の簿価		一時差異	税効果	
当期拠出額 150	期首残高 1,200	当期拠出額 150	期首残高 0	期首残高 1,200		期首残高 480
期末残高 1,250	退職給付費用 200	期末残高 0	損金 150	期末残高 1,250 退職給付費用 50	期末残高 500	退職給付費用 20

×40％＝

① 税務上は残高ゼロ

　退職一時金制度の場合も企業年金制度の場合もいずれも税務上は期首と期末の簿価はゼロになっていることがわかります。

　そのため，会計上の期首及び期末の引当金残高が，そのまま一時差異となり，税効果会計上の繰延税金資産として認識されます。

② 退職給付費用は損金不算入

　一時金制度の退職給付費用は150ですが，税務上はそのうち100しか損金算入を認めていません。これは，税務上損金となるのは退職者に対して支払われた給付100だけだからです。退職給付費用と一時金の給付は関係ない別の事象ですが，税務と会計の処理だけをみると上記のように表わされます。

③ 年金掛金は損金算入

　年金制度では，掛金を150だけ拠出しており，これは税務上の損金となります。年金制度においても退職給付費用200は全額が損金不算入ですが，掛金150との差額50だけが税務と会計の差となります。

5　繰延税金資産の回収可能性の検討

　なお，繰延税金資産の計上にあたっては，税効果会計に係る会計基準及び「繰延税金資産の回収可能性の判断に関する監査上の取扱い（監査委員会報告第66号）」等に従い，将来の税金負担を軽減する効果を有するかどうかの回収可能性について十分検討し，慎重に決定する必要があります。

Question 75

現在，退職給付会計に係る基準の改訂が準備されていると聞いています。今後，わが国の退職給付会計はどのように変わりますか

Answer

IFRSのコンバージェンスやわが国実務界との調整から改訂作業に時間がかかっています。平成22年に公表された公開草案と現行のものを表にしましたので参考にしてください。

解説

　現行の基準等と平成22年に公表された公開草案の主要な論点を比較して表にしました。現段階では多くの論点については以下の考え方で公表される方向です。

　ただし，「貸借対照表の表示」と「数理計算上の差異」及び「過去勤務費用」のその他包括利益に関する処理については，税務や配当など調整の観点から，まず連結決算から先行して適用されるようです。その場合には，連結財務諸表の作成会社のみならず，連結子会社においても，未認識項目を連結貸借対照表に計上するために，これまでよりも早いタイミングで数理計算の結果を入手することが実務において求められます。

第10章 税金と税効果

現　　行	公開草案
給付の期間帰属	
（原則）　期間定額基準 （例外）　給与基準，支給倍率基準，ポイント基準	期間定額基準と給付算定式（補正含む）の選択適用（継続）
数理計算上の差異の処理方法	
・　各期の発生額を平均残存勤務期間以内の一定の年数で按分（定額法）する ・　定率法償却も可 ・　発生年度に費用処理する方法も可 ・　発生の翌年から償却開始することも可	・　「その他の包括利益」で即時認識し，これまでどおり平均残存勤務期間以内の一定の年数で償却（損益処理）
過去勤務債務の処理	
・　平均残存勤務期間の一定の年数で発生年度から償却する ・　過去勤務債務は，各年度の発生額について発生年度に費用処理するか，平均残存勤務期間の一定の年数で按分する	・　「その他の包括利益」で即時認識し，これまでどおり平均残存勤務期間以内の一定の年数で償却（損益処理）
科目名等の変更	
1．退職給付引当金 2．前払年金費用 3．過去勤務債務 4．期待運用収益率	1．退職給付に係る負債 2．退職給付に係る資産 3．過去勤務費用 4．長期期待運用収益率
科目表示区分（損益計算書）	
・　勤務費用・利息費用・期待運用収益・数理計算上の差異・過去勤務債務の償却　…営業費用	・　新たに発生する過去勤務費用を発生時に全額費用処理する場合で金額的重要性があるときは「特別損益」 ・　未認識数理計算上の差異及び未認識過去勤務費用…「その他包括利益」

貸借対照表の表示	
年金資産の公正な評価額 未認識過去勤務債務 未認識数理計算上の差異 退職給付引当金（期末）／退職給付債務	年金資産の公正な評価額 退職給付に係る債務（期末）／退職給付債務
割引率	
・ 原則，退職給付の見込支払日までの平均期間を基礎 ・ 実務的には，平均残存勤務期間に近似した年数とすることも可	・ 退職給付の見込支払日までの期間ごとに設定された複数のものを使用（イールド・カーブ） ・ 実務上は，給付見込期間及び退職給付の金額を反映した単一の加重平均割引率を使用可
予想昇給率	
・ 確実に見込まれる昇給等	・ 合理的に見込まれる退職給付の変動要因には「予想される」昇給率を含む（他の計算基礎との整合性，ＩＦＲＳ等では確実性までは求められていない）
長期期待運用収益率	
・ 「期待運用収益率」は，期首時点において期末までの間に合理的に期待される収益を基礎としている	・ 退職給付の支払いにあてられるまでの期間にわたる期待に基づくことを明らかにしている
複数事業主制度の取扱い	
・ 自社の拠出に対応する年金資産の額を合理的に計算できないケースには要拠出額を費用処理するが，複数事業主間において類似した制度を有している場合にはこのケースにあたらないとされている	・ 左記の場合でも一律には規定せず，制度の内容を勘案して判断する

あとがき

　退職給付会計は発生主義の枠組みから離れるものではありません。発生主義に基づいて，会社の債務をどのように計算するか，そしてそれをどのように開示するかを取り扱うものです。年金制度における責任準備金はその時点で積み立てておかなければいけない基準額を示しているように，退職給付債務は将来の支払義務に対応するためにその時点で発生している会社の債務額を示すものです。この債務から年金資産を差し引いた差額がその時点において発生している会社の積立不足として退職給付引当金が財務報告において表示されます。

　企業は従業員の福利厚生のために退職給付制度を設けてきました。日本経済の歴史を振り返っても，企業の従業員は給与以外の福利厚生制度や職場環境などを総合的に勘案して仕事に対するモチベーションを維持・向上させてきたのだと思います。しかし，退職給付会計が導入されたことによって会社の積立不足が表面化し負債の額が目に見える形で表されました。その結果，多くの企業は退職給付制度の廃止や，給付水準の引下げを行ってきました。しかし，会計基準のために従業員の待遇を悪化させ仕事に対するモチベーションを引き下げることになって問題はないのでしょうか。投資者がより厳しい会計基準を企業に求め，その結果として企業の従業員の待遇が悪くなりモチベーションが下がり，または質の良い労働力が集まらずに，長期的には企業の経営成績に悪影響を与えることはないでしょうか。退職給付会計の導入による各企業の退職給付制度の改訂や移行は，企業は誰のものかという問題をも思い起こさせるものでした。

　厳しい経済環境の中で会社の業績を上げるのは大変なことです。そのためには企業の従業員と協力し，時には短期的な犠牲を従業員に求めることもやむを得ないでしょう。ぎりぎりのところでの企業経営ではありますが，私個人とし

ては，従業員のためそして会社のための「会計」であってほしいと強く切望しています。そのために，会計基準や会計の考え方を，企業経営者をはじめとして多くの方にもっともっと理解してもらいたいと思っています。

　そもそも会計は投資者のためだけにあるのではありません。会計は何よりも会社自身のためにあるのだと思います。会社が健全でなければ投資者は投資をすることができません。健全な企業経営のためには会計についての理解を深めて会計を経営判断に活かすことが企業経営にとっての会計の本来の意味であるはずです。そのためにも，会計を理解することが重要になると思います。

　私は大学を卒業後，テレビ局で報道番組の取材をする仕事をしていたことがあります。その後公認会計士を目指し勉強を始めましたが，会計は非常に難しいものであると感じました。監査法人に就職してからも，10数年経過した今でも，会計は未だに難しいものだと感じています。会計を本当に理解している経営者はいるのか。会計理論を説明して理解してもらえているのだろうか。この会計基準は意味があるのだろうか。実務にあっているのだろうか。今でも会計に対する疑問や不満は多くあります。会計の何が難しいか，どんなところに疑問や不満があるかというと，会計がどうあるべきかという姿が見えない点にあります。もしかしたら，報道の仕事をしていたことがそのような疑問や不満を抱かせ，会計に従事する他の方々と視点を異にしているのかもしれません。

　昭和24年にわが国で定められた企業会計原則の設定前文には「企業会計原則は，企業会計の実務の中に慣習として発達したもののなかから，一般に公正妥当と認められたところを要約したものであって，必ずしも法令によって強制されないでも，すべての企業がその会計を処理するに当って従わなければならない基準である。」とあります。また，1936年の米国会計士協会では「財務諸表は，記録された事実と会計上の慣習と個人的判断との総合的表現である。」と示されています。

　企業，従業員，株主，投資者そして債権者と，財務諸表を取り巻く利害関係

あとがき

者のあいだで財務諸表の使用目的は異なることでしょう。だからこそ，会計原則や会計基準はその利害関係を調整するために用いられ姿を変えてきたのだと思います。

　これからも，企業は今までなかった新しい経済取引を行っていくことでしょう。株主や投資者は様々な要求を企業に行っていくことでしょう。そして，会計基準も様々に変容していくでしょう。その中で，会計は企業にとっても財務情報の利用者にとっても理解しやすく有用で使いやすいものであるべきであると思います。私個人は会計士の一人として何の力もありませんが，会計がそのように有用なものとして理解され，結果，わが国の経済活動が健全に発展することを切に祈るところであります。

【参考文献】

キーワードでわかる退職給付会計　税務研究会出版局　井上雅彦　著
会計用語辞典　日経文庫　片山英木・井上雅彦　編
わかりやすい企業年金　日経文庫　久保和行　著
ＤＣプランナー入門　社団法人金融財政事情研究会　ＤＣプランナー実務研究
　　　会　編
企業年金制度の現状と改革　監修　日本商工会議所　編集　商工会議所年金教
　　　育センター
厚生労働省年金局　年金財政ホームページ　用語集
中小企業のための適格年金移行対策ガイドブック　社団法人金融財政事情研究
　　　会　社団法人金融財政事情研究会ＤＣセンター
やさしい企業年金用語辞典　㈱社会保険広報社　河村健吉　編著
退職給付会計に係る実務基準　日本アクチュアリー会・日本年金数理人会
企業年金連合会ホームページ（http://www.pfa.or.jp/）

索　引

【あ行】

- アクチュアリー ······ 100
- 一時金選択率 ······ 99, 118
- 一時差異 ······ 232
- 一部終了 ······ 219, 223
- 運用収益 ······ 4

【か行】

- 改訂 ······ 77
- 改訂日 ······ 77, 79, 226
- 確定給付企業年金（基金型） ······ 12
- 確定給付企業年金（規約型） ······ 13
- 確定給付企業年金制度 ······ 25
- 確定拠出年金 ······ 13, 33
- 確定拠出年金制度 ······ 30
- 確定年金 ······ 106
- 掛金 ······ 4, 149
- 掛金建て ······ 5
- 過去勤務債務 ······ 50, 75, 80, 237
- 過去勤務債務等 ······ 76, 164
- 過去勤務費用 ······ 75, 237
- 加入年齢方式 ······ 149, 160
- 簡便法 ······ 201
- 期間帰属 ······ 237
- 期間定額基準 ······ 130
- 期間配分方法 ······ 129
- 企業型 ······ 31
- 基金型 ······ 27
- 基礎率 ······ 97
- 期待運用収益 ······ 49, 66
- 期待運用収益率 ······ 67, 99, 124
- 期待値 ······ 127
- 規約型 ······ 28
- キャッシュバランスプラン ······ 141
- 給付 ······ 4
- 給付現価 ······ 150
- 給付算定式基準 ······ 131
- 給付水準の改訂 ······ 78
- 給付建て ······ 4
- 給付の大幅な減額 ······ 221
- 給付利率 ······ 105, 119
- 給与総額基準 ······ 130
- 業務経理 ······ 188
- 勤務費用 ······ 49, 60
- 繰延税金資産 ······ 233
- 継続基準 ······ 190
- 公正な評価額 ······ 189
- 厚生年金 ······ 15
- 厚生年金基金 ······ 11, 16
- 公的年金 ······ 10
- 合理的な補正計算 ······ 138
- 合理的な理由 ······ 80
- 個人型 ······ 31
- 個人平準保険料方式 ······ 159
- 個人別仮想勘定 ······ 141, 143
- 個人別管理資産 ······ 32, 34

【さ行】

- 財政決算日 ······ 190
- 財政方式 ······ 157
- 最低責任準備金 ······ 18

- 245 -

再評価率	144
時価	189
支給倍率基準	131
施行日	225
資産移換	36
自社年金	14
事前積立方式	158
私的年金	10
死亡確率	102
死亡率	98
終身年金	107
修正賦課方式	157
昇給率	121
剰余金	187
将来減算一時差異	233
申告調整	227
信託財産	198
数理計算	47
数理計算上の差異	49, 82, 237
数理債務	151
数理債務と退職給付債務	167
数理的評価	191
税効果	233
税効果会計	235
制度が廃止された日	225
制度設計パターン	106
制度の継続	220, 223
制度の終了	219, 222
責任準備金	151
線形補間方式	138
全部終了	219
総合保険料方式	159
粗製退職率	115
その他の包括利益	237

【た行】

代行部分	16
代行部分の返還	18
代行返上	19
退職一時金制度	11
退職確率	113
退職給付	1, 7
退職給付会計	1
退職給付債務	46
退職給付債務の計算	100
退職給付信託	194, 230
退職給付信託設定	196
退職給付制度	10
退職給付制度の移行	217
退職給付に係る資産	237
退職給付に係る負債	87, 237
退職給付費用	48
退職給付見込額	128
退職給与引当金	227
退職従業員に係る過去勤務債務	81
退職率	98, 113
対数補間方式	139
大量退職	174, 221
単位積増方式	159
遅延認識	54, 85
中小企業退職金共済制度(中退共)	13, 39
中退共への加入条件	39
弔慰金	8
長期期待運用収益率	126, 237, 238
積立超過	45
積立不足	44
積立方式	158
定額法	178, 182

索　引

定率法	178, 182
データ等基準日	133
適格退職年金（適年）	12, 21, 22
到達年齢方式	159
特定退職金共済制度	14
特別掛金	76, 149, 152
特別掛金収入現価	152, 153
特別退職金	8

【な行】

日本版401K	30
年金財政計算	147, 167
年金資産	185
年金数理人	100

【は行】

廃止日	226
ハイブリッド型	141
発生給付評価方式	170
発生主義	69
非継続基準	190
標準掛金	149, 154
標準掛金収入現価	150
標準掛金と勤務費用	169
費用処理年数	54, 175
費用処理年数変更	179
費用処理方法	54
賦課方式	157
プラスアルファ部分	11, 15
平均残存勤務期間	54, 175

平準掛金	160
平準積立方式	159
ベースアップ	78
別途積立金	187
ポイント基準	131
法人税等調整額	233
ポータビリティ	31
保障期間付終身年金	108
補正退職率	115

【ま行】

前払退職金	14
前払年金費用	192
未収掛金	188
未認識項目	85

【や行】

役員退職慰労金	8
有期年金	107
予測給付評価方式	170
予定昇給率	99
予定利率	150, 161

【ら行】

リストラ	7
利息費用	49, 63

【わ行】

割引率	98, 110, 137
割増退職金	8

【著者紹介】

大保　裕司（おおぼ　ゆうじ）

　公認会計士。1級ＤＣプランナー（企業年金総合プランナー）。ＣＦＰ認定者。

　1967年生まれ。1990年筑波大学第一学群社会学類卒業。テレビ番組制作会社勤務を経て1999年中央監査法人入所。現在，あらた監査法人シニアマネジャー。

【共同執筆】

- 「会計用語辞典」（日本経済新聞社　片山英木　井上雅彦　編）。
- 「会社法で変わった会計実務の重要ポイント」（税務研究会出版局　森川祐亨　山岸聡　編著）

著者との契約により検印省略

平成24年4月1日　初版第1刷発行　現場の疑問に答える
退職給付会計の基本Q＆A

著　者　大　保　裕　司
発行者　大　坪　嘉　春
印刷所　税経印刷株式会社
製本所　株式会社　三森製本所

発行所　〒161-0033　東京都新宿区下落合2丁目5番13号　株式会社　税務経理協会
振替　00190-2-187408　　電話　（03）3953-3301（編集部）
FAX　（03）3565-3391　　　　　（03）3953-3325（営業部）
URL　http://www.zeikei.co.jp/
乱丁・落丁の場合は，お取替えいたします。

© 大保裕司 2012　　　　　　　　　　　　　　Printed in Japan

本書を無断で複写複製（コピー）することは，著作権法上の例外を除き，禁じられています。
本書をコピーされる場合は，事前に日本複写権センター（JRRC）の許諾を受けてください。
JRRC〈http://www.jrrc.or.jp　eメール：info@jrrc.or.jp　電話：03-3401-2382〉

ISBN978-4-419-05759-6　C3034